JN059295

イギリス解体の危機

ブレグジットが開けたパンドラの箱

中島裕介

日経プレミアシリーズ

まえがき

「ジョンソン首相からのメッセージに興味はあるか。日本メディアの中では単独で渡せるだろう」。英国開催のG7サミット2日前の2021年6月9日、知人のある英政府幹部から私のメールボックスに一通のこんなメールが届いた。インタビューなら申し分なしだったが、G7サミットの議長国首相の決意表明を独占報道できるなら、寄稿でも貴重な機会だ。スクープの一種として日本経済新聞や同電子版でも大きく掲載できる。

「イエス」と答えた私に届いたジョンソン首相の寄稿文はそのサミットで合意することになる「途上国への10億本の新型コロナワクチンの供給」や、「途上国へのインフラ投資支援」などでG7が一致し得ることがすでに記されていた。そしてこう締めくくっていた。

「英国はG7の議長国を務める特権を有しており、同じ民主主義国とともに、(様々な課題への)膨大な努力を軌道に乗せるための役割を果たすことができる。この挑戦を上回るものはない」。G7議長の大役を務め、「グローバル・ブリテン」をスローガンに掲げるジョンソン首相と英政府の高揚感が伝わった。

英国は2020年1月31日、47年間加盟した欧州連合（EU）を離脱した。そして同12月31日には離脱の激変緩和期間にあたる「移行期間」も終了し、EUを「完全離脱」。独自の道を歩み始めた。

思えば、英国は底力とある種の運の良さを持った国だと感じる。世界的な協調から逆行し国際社会で孤立しかねないBrexit。その直後の21年に、G7サミットの議長国と第26回国連気候変動枠組み条約締約国会議（COP26）の議長国となった。これは関係国との調整の中心となり、メディアなどを通じて国際的な存在感を示す絶好の機会だ。

欧州最悪の死者数を記録するなど初年度の新型コロナ対策は散々だったジョンソン政権だったが、水面下でその初年度中に自国の製薬大手との連携で先手を打ち、ワクチンのスピード普及では先進国随一の成果を残した。日本メディアもコロナ2年目の英国のワクチン政策に関しては、手のひらを返したように「優等生扱い」で報じた。

経済外交ではEU加盟時には許されなかったEU域外との通商協定として、環太平洋経済連携協定（TPP）への参加を正式に申請。オーストラリアとの自由貿易協定（FTA）でも合意した。EUのくびきを離れ成長の果実を求めて、インド太平洋地域に進出しようとする英国の姿と、世界の4分の1を支配していた200年ほど前の大英帝国の勇姿を重ね合わせる高齢者や保守系の市民は少なくない。

だが、いざ国内に目線を移せば、この印象は大きく変わる。Brexit は英国の国際社会での復権や洋々たる前途ではなく、むしろ英国をさらに小さくさせるリスクをもたらしたことに気づく。英国は主権国家ではないイングランド、スコットランド、ウェールズ、北アイルランドの4つの国（カントリー）で構成されている（7頁の地図を参照）。だが、Brexit をきっかけにスコットランドと北アイルランドでは「英国からの分離」が現実味を増し、4カントリーによる今の国のカタチが維持されるか不透明になっているのだ。

筆者は2018年10月からロンドンに拠点がある日本経済新聞の欧州総局記者として、Brexit に関する英国内の動向やEUとの交渉、さらには現在進行中の離脱後の英・EU関係まで取材してきた。一般的には移行期間が終了した２０２０年末の「完全離脱」をもってBrexit 問題は決着したと考えられがちだが、現地の実感では「Brexit はまだ終わっていない」との印象が強い。

本書では、この Brexit の少々難解な経緯や制度に関してイチから解説しながら、英国が将来、ＥＵから離れただけでなくさらに小国に没落するのか、それとも今の国のカタチを死守し「グローバル・ブリテン」への飛躍の道を辿るのかを様々な角度から探ってみた。現役閣僚など政界のキープレーヤーや英国の著名な有識者の生の発言やインタビューもできる限り盛り込んだ（肩書は取材当時のものを記した）。これから仕事や学業で英国と深く関わろうとする読者にはもちろんのこと、これまで Brexit や「連合王国の維持問題」をウォッチしてきた英国通の読者にも、新しい視点を提供できれば幸いと考えている。

本書の刊行にあたって、筆者が執筆作業に苦労するなかで、日経ＢＰ日本経済新聞出版本部の平井修一氏からは常に温かい激励と適切な助言をいただいた。また、本書は一緒にBrexit の激動を見守った日本経済新聞欧州総局の同僚の助けがなければ実現しなかった。平井氏と力強い同僚にこの場を借りて深く感謝申し上げたいと思う。

英国（グレートブリテンおよび北アイルランド連合王国）と
4つのカントリー

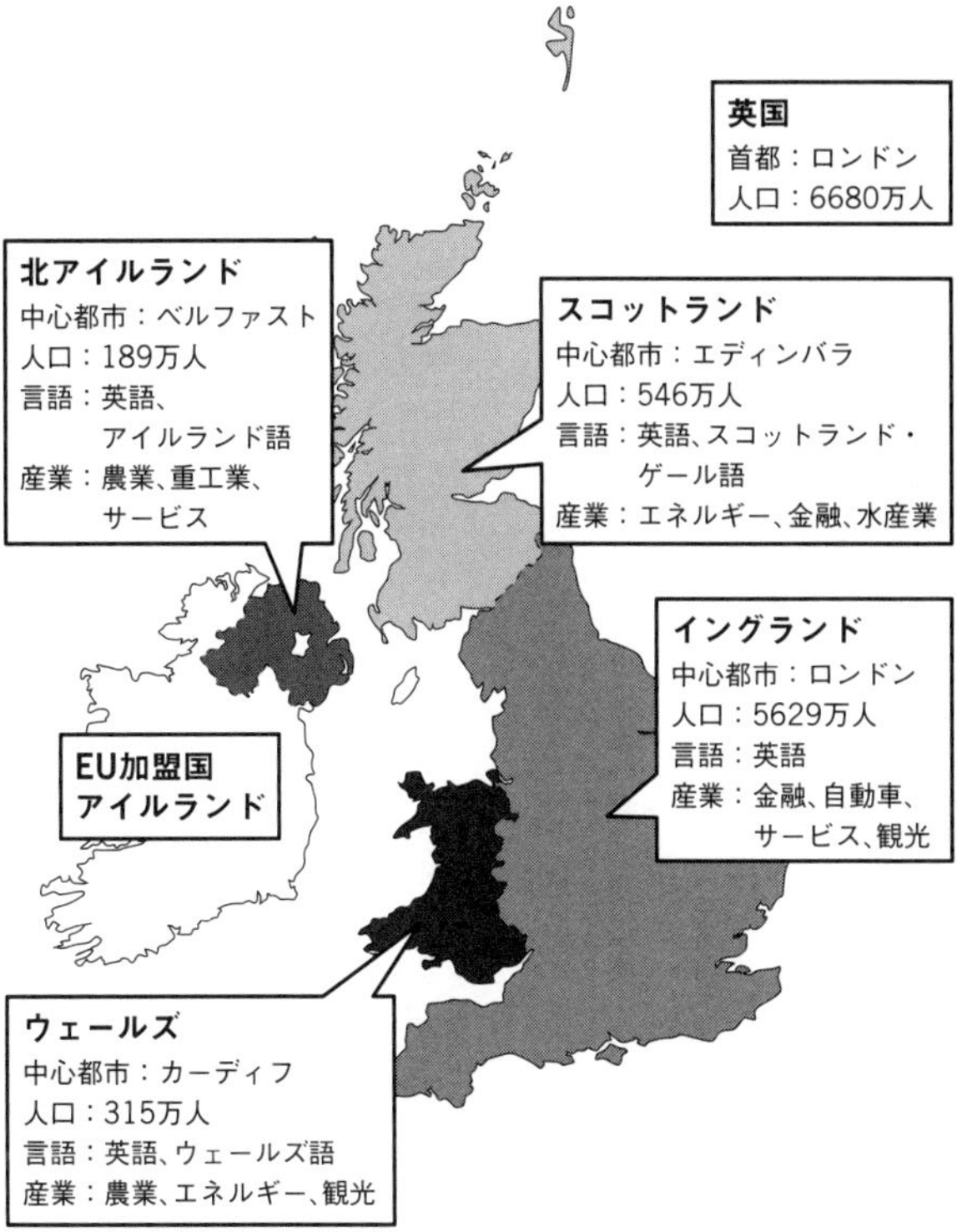

（出所）人口は英政府統計局2019年の数字

目次

第4章　離陸できるか「グローバル・ブリテン」……………137

序　章

Brexitが開けたパンドラの箱

英国解体確率は65%？

2020年1月31日、英議会前でEU離脱を祝う市民。
奥では「名ばかり離脱（BRINO＝BRexit In Name Only）」と揶揄する市民も（筆者撮影）

「独立」と「他国への統合」と

序章では本書の構成を説明しつつ、Brexit がなぜ「パンドラの箱を開けた」と言えるのか、その概略を説明する。また国を二分した２０１６年の国民投票から始まる Brexit 騒動の経緯も概観したいと思う。

「新型コロナの危機が去った後には、スコットランドの人々に未来を選ぶ権利が与えられる。私が約束したことだ」。21年5月、5年に1度のスコットランド議会選で地域の独立を掲げるスコットランド民族党（ＳＮＰ）のスタージョン党首は選挙戦の勝利を受けてこう宣言した。英北部にある人口約５５０万人のスコットランドは14年にも独立を問う住民投票を実施。このとき45％対55％で「独立」は敗れた。

本来であれば少なくとも一世代は再住民投票は行われないとみるのが常識だが、Brexit がこの議論を再燃させた。もともと親ＥＵ派の多いスコットランドでは16年のＥＵ離脱を問う国民投票で62％が「残留」を支持。にもかかわらず、英国としてＥＵを離脱したことで、「前提が大きく変わった。英国から独立しＥＵ再加盟だ」と、再住民投票を求める声が強まっているのだ。少なくともBrexitがなければ独立運動の再度の盛り上がりは考えられなかっただろう。第1章ではこのスコットランド独立問題について歴史を振り返りながら最新情勢まで分析する。

一方の北アイルランドでは、隣接する南のEU加盟国アイルランドとの統一が取り沙汰されている。複雑な歴史的背景などの詳説は第2章に譲り、ここでは概要だけ説明しておきたい。

英国は1801年にアイルランド島全体を併合したが常に英国支配への抵抗に悩まされ続けた。1921年にアイルランド統治法が施行され、今の南北分割の原型ができあがった。後に、親英派のプロテスタント系住民が多い北部は英領北アイルランド、親アイルランドでカトリック系が多い南部はアイルランド共和国となった。

60年代後半からはアイルランド統一を求めるカトリック系の住民と、英国の統治強化を求める親英派のプロテスタント系の住民が国境や宗派を巡り激しく衝突。3500人以上が死亡する北アイルランド紛争へと発展し、ようやく98年に「ベルファスト合意」と呼ばれる和平に至った。このとき紛争の再発を防ぐために南北アイルランド間に国境を置かず、人やモノの移動を自由にし続けることも保証された。それを支えたのが域内で人やモノの移動の制限をつくらないEUの存在だった。

ところが英国がEUを離脱するとなれば、論理的にはベルファスト合意の精神を覆し、南北アイルランド間に検問を置いて人やモノの国境管理をせざるを得なくなる。だがそうなれば和平以来約20年間、国境なしで過ごしてきた両派を刺激しかねない。結果として英・EUはアイルランド島に物理的な国境を置かない選択をするのだが、南北間に国境を置かずに国境管理をどう行うのか。これこそが Brexit 問題で最大の難所といわれた「北アイルランド国境問題」だ。

21年7月末現在でもこの問題はいまだに完全解決をみていない。こうしたいきさつの中でアイルランドの南北統一論が浮上している。これも Brexit がなければ、アイルランド島の国境は開かれたままで、英国―アイルランド間の国境管理やアイルランドとの統一議論に頭を悩ませずに済んだはずだ。

「合意なき離脱」がつきまとった2段階の交渉

ＥＵ加盟のメリットとは何か。大ざっぱにいえば「単一市場」と「関税同盟」の恩恵を享受できることだ。ＥＵ域内なら人やモノが国境を越える際の煩雑な検査もなく、欧州全域でビジネスを自由に展開できる。職を求めて自由に他国に移って働くこともできる。これが「単一市場」だ。さらに域内では一切の関税がかからず貿易ができ、域外とはどの国とも統一した関税率で貿易を行う。これが「関税同盟」だ。

こうしたＥＵの単一市場と関税同盟の便利さを英国が捨てた理由や背景、そしてその教訓については第6章で解説するが、一言で言えばＥＵのルールや義務が、自分のことを自分で決める英国の主権を奪い、英国にマイナスの影響を与えているとの意見が強まったのが主因だ。特に単一市場についてはそれを運営するＥＵ共通のルールがあり、各国は製品の規制や基準など自国の政策や制度を決定する一部の権限をＥＵに委ねている現実がある。

ここから少し、地元メディアだけでなく、日本のメディアも振り回された英国のＥＵ離脱までのいきさつ、特に英国―ＥＵの離脱交渉を簡単に振り返ってみたい。

2016年6月の国民投票で、51・9%対48・1%の僅差で「離脱」が勝利してから、英国がEUを完全離脱する20年末までの4年半の間は、2つの交渉ステージに分けられる（図表序－1）。まずは英・EU間の離脱の基本条件を定めた「離脱協定」をまとめてEUを離脱するまでの2016年6月～2020年1月末が「第1ステージ」だ。離脱協定には、EUとの金銭上の債権・債務などを整理する「清算金」の取り決めや「英国に残るEU市民、EUに残る英市民の今後の権利などの扱い」といった内容が含まれる。

その後、英国は離脱協定に基づいて形式上はEUを出るものの、激変緩和期間として関税ゼロの貿易や人の移動の自由は続く「移行期間」に入った。この事実上まだEUに残留している間に行った自由貿易協定（FTA）など英EU間の将来関係の交渉の期間が第2ステージだ（20年2月～20年末）。

第1ステージでは北アイルランドの国境問題を巡り英国政界が大混乱に陥り、もともと予定していた2019年3月末の離脱は延期を余儀なくされた。メイ前首相の政権は英国にしては短命の3年での辞任となったが、その主因はこの北アイルランド問題を解決できなかったことだと言っても過言ではない。その後、ジョンソン政権がこの問題を打開し20年1月末

図表序-1 英・EU間のBrexit交渉の概略

2016年6月23日

国民投票で離脱51.9%、残留48.1%で離脱勝利

↓

交渉第1ステージ(～20年1月31日)

→離脱の基本的条件定めた「離脱協定」を主に交渉

- 移行期間終了時点で在EUの英市民、在英のEU市民はその後も同じ権利を有する
- 移行期間は2020年12月31日までとする
- 英国はEUに清算金を支払う
- 移行期間後に北アイルランド国境の特別ルール(議定書)を施行

※北ア問題で特に難航。打開できなかったメイ首相は19年7月に退陣

↓

2020年1月31日(英時間23時)

英国がEU離脱。関税ゼロの貿易や人の自由移動はなお継続する**「移行期間」**に

↓

交渉第2ステージ(～20年12月31日)

→英・EUの新たな貿易協定など将来関係を交渉

- 全品目で関税ゼロの貿易は維持。通関手続きや原産地証明は発生
- 人の自由移動は終了。英は移民受け入れで単純労働は受け入れない方針に
- 英・EUで公正な競争条件を確保。英海域でEU漁船は段階的に漁獲割り当て減

※特に「公正な競争条件の確保」と「漁業権問題」で交渉難航

常に「合意なき離脱」が懸念に…

↓

2020年12月24日

英国とEUが貿易協力協定(TCA)で合意

2020年12月31日(英時間23時)

離脱の移行期間が終了。英国はEUを完全離脱。TCAが暫定発効

に英国はＥＵ離脱を決めた。

第２ステージでは英国とＥＵが、移行期間の終了後にＦＴＡなどを通じてどのような新しい経済関係を結ぶのかを交渉した。特に人やモノが関税ゼロで自由にＥＵ域内を移動できたＥＵ加盟時の状況がどれほど維持されるのかが焦点で、在英企業にとっては第１ステージ以上に重要だった。「ＥＵを離れて自国の産業政策の決定権を取り戻しつつ、できる限りいままでの恩恵を維持したい英国」と「ＥＵを離れるのだから、できる限り英国にＥＵ加盟国としての恩恵は与えたくないＥＵ」との交渉のためこの第２ステージも迷走や難航を極めた。

第１と第２ステージの交渉を通じて、読者はニュース番組などで「合意なき離脱（ノーディール）」という言葉をよく耳にしたのではないだろうか。これは英・ＥＵの両者が全く離脱後の約束ごとで合意できずに交渉が決裂して、関税が急に発生したり、物流や人の移動が急に停滞したりして、経済や社会活動が大混乱する状況を指す。交渉では英側が特に相手に条件をのませるための威嚇も含めて「合意なき離脱（ノーディール）を辞さない」という姿勢を示し続けたため、市場や産業界では数年間、困惑が続いた。たとえば英ポンドは国民投票の年の２０１６年１月１日の１ポンド＝１７２円から激しく乱高下し、19年８月には１

ポンド＝130円弱まで下落。一時期円ベースで24％も減価した。

結果として20年12月24日、英・EUは移行期間終了のギリギリのタイミングでTCA（貿易協力協定）の交渉妥結にこぎ着けた。だが、関税ゼロの貿易は維持できたものの、製品や食品の検査、輸出申告などの通関手続きが新たに発生し、人の自由移動も終了するなど今までの英EU関係は大きく変わる結果となった。大ざっぱにいえば英・EUの関係は、EU―日本やEU―カナダと同じような関係に遠ざかったということだ。

ちなみに同12月30日、地方議会にあたるスコットランド議会と北アイルランド議会がそれぞれ、24日に合意したEUとのTCAに反対する決議を可決した。決議に中央政府への拘束力はないものの、ジョンソン政権とスコットランド、北アイルランドとの溝が再確認された瞬間だった。

第3章ではこの新たな英EU関係の詳細とその影響について、また、第4章ではそれを踏まえた英国経済の将来を展望する。さらに第5章ではEUとの新関係や国際情勢の変化により英国外交がどう変わるかまで予測してみたいと思う。

図表序-2　2016年英国民投票の地域別・年代別結果

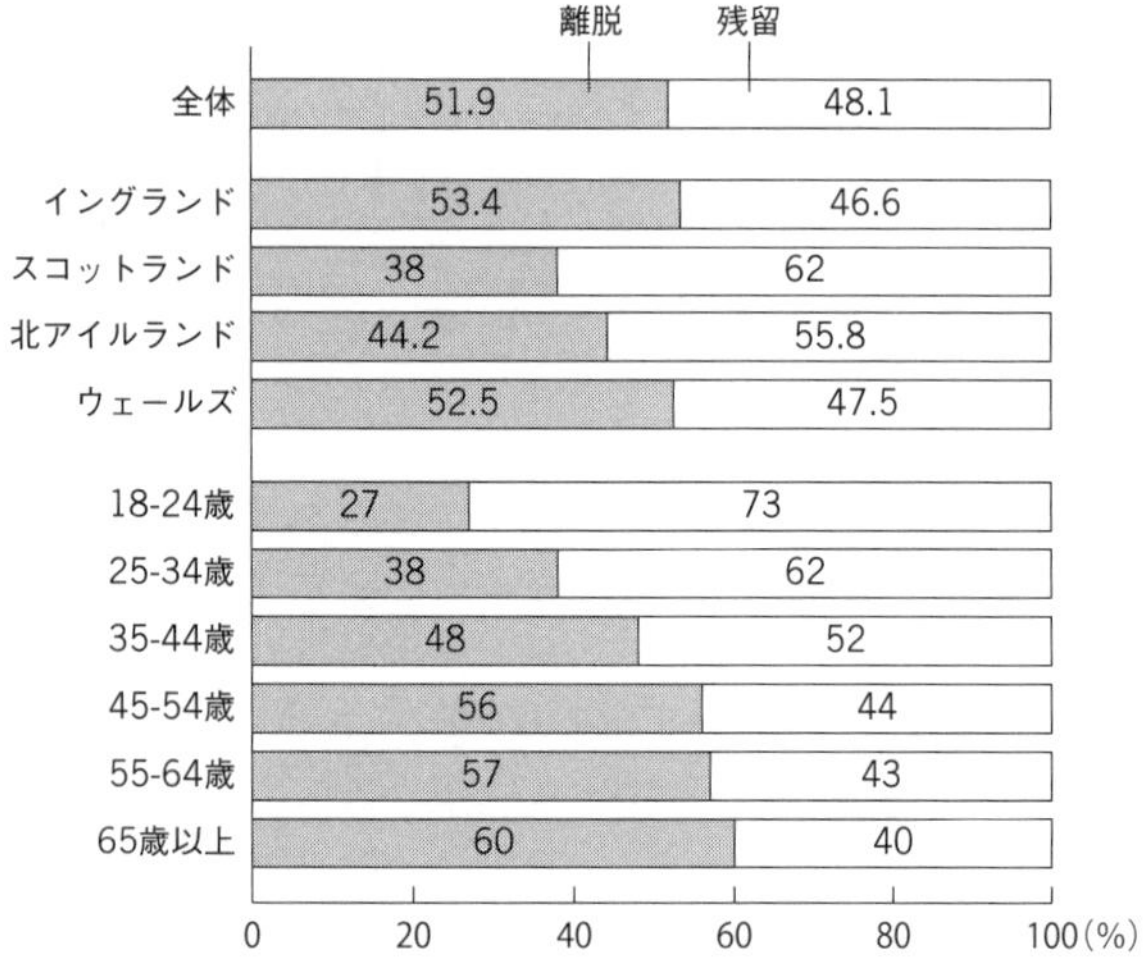

（出所）BBC

Brexit は誰が支持したのか？

それでは Brexit を支持したのはいったい誰だったのだろうか？　それを示したのが図表序－2だ。これを見ると一目瞭然だが、離脱を支持したのは英国の人口の大半を締めるイングランドと同地域との関係が強いウェールズの2地域、しかも45歳以上の中高年が積極的に Brexit を推進したことがわかる。離脱交渉の間から離脱後の今でも、スコットランドや北アイルランドの住民、さらには英全体の若年層を中心に

Brexitへの潜在的な不満が蓄積している構図が見てとれる。

英国が2021年1月にEUを完全離脱し、国民の関心が高いコロナワクチンの普及でEU離脱の恩恵を受けても、離脱への支持は高まっていない。英調査会社ユーガブは毎月数回「振り返ってみて、EU離脱は良い判断だったか?」と問う世論調査をしている。これを見ると21年に入ってからは「正しかった」が40~46%、「間違っていた」が43~48%。7月末までに3度ほど「正しかった」が勝ったものの、10回以上の調査で「間違っていた」が数ポイント上回っている。英国民の中でいまでもBrexitに関する見解が割れ、その判断に自信を持てていない表れだといえる。

英紙タイムズの21年1月の世論調査では、スコットランドの独立を問う住民投票を5年以内に実施すべきと考えているスコットランド市民は50%(反対43%)。同じく5年以内にアイルランドとの統一を問う住民投票を実施すべきと考えている北アイルランド市民も51%(反対44%)で、両地域ともに「実施すべき」が優勢になっている。

巻末に掲載したインタビューで国際ジャーナリストのビル・エモット氏は5~10年以内にスコットランド独立が起きる可能性は50%、アイルランド統一が起きる確率は30%と予測した。となると、「どちらも起きない」確率は単純計算で50％×70％＝35％となる。逆にいえば5～10年以内にどちらかが実現する可能性は65％といえる。「英国解体」が近く起きるという言説は、決して荒唐無稽な幻想というわけではないのだ。

第　1　章

スコットランド独立運動の再燃

スコットランド旗のデザインに身を染め独立を訴える市民（2019年11月、英グラスゴーにて）（ロイター／アフロ）

1　300年越しのナショナリズム

「国土の3割」を賭けた戦い

「やるか、やらないかではなく、いつやるかという問題だ」。地域の独立を訴えるスコットランド民族党（SNP）のスタージョン党首は2021年5月9日、ジョンソン英首相との電話協議でスコットランド独立を問う住民投票の実施を迫った。スタージョン氏は日本でいう都道府県知事に近い役割のスコットランド地方政府（行政府）の首相も務める。同5月6日のスコットランド議会選でのSNPの勝利を受けて、地域の独立に向けた民意を得られたとみてジョンソン氏へのプレッシャーをかけ始めた。

スコットランド行政府首相が知事なら、その議会はいわば都議会や県議会にあたる。5年に1度のスコットランド議会選でSNPはマニフェスト（政権公約）で新型コロナウイルス危機からの脱却を条件に、議会の5年の会期の前半での住民投票を公約した。つまり

２０２３年末までには投票を実施する約束だ。序章でみたように２０１６年の英国のＥＵ離脱を問う国民投票では英全体では「離脱」が勝ったが、スコットランドでは62％が残留を選んだ。今回の選挙はＥＵ離脱に反発する市民が、「独立＋ＥＵ再加盟」という志向を強めていることをうかがわせた。

ただ住民投票が正当な実効性を持つためには、事実上、ジョンソン首相率いる中央政府や英議会の承認が必要になる。スタージョン氏が議会選の結果を後ろ盾にジョンソン首相に住民投票実施を迫るのはそのためだ。「（独立を問う）住民投票の実施は民主主義の根幹に関わる問題だ」。スタージョン氏は議会選の勝利が確定した直後の演説でも市民が住民投票実施にＧＯサインを出したとの見解をアピールした。

一方のジョンソン首相は独立につながりかねない住民投票の実施はなんとしても阻止したい構えだ。14年の住民投票では僅差で「独立」は敗北したものの、次回はどうなるかわからない。議会選直後の英紙デーリー・テレグラフの

スタージョン氏。強い言葉で直言する姿勢から「雌ライオン」との異名を持つ（代表撮影／ロイター／アフロ）

取材に「人々が経済の（コロナ危機からの）回復を求めているときに、国を引き裂く論争を起こすべきではない」と語り、住民投票に賛同しない姿勢を明確にした。

ただ「拒否」の姿勢をあまり強く出し過ぎると、議会選で独立派が過半数を取ったこともあり「民主主義の軽視」ととられかねない。ジョンソン氏に近いゴーブ国務相はコロナ対応で後回しになっている多数の手術や、休校による生徒の学習の遅れなども脱コロナの課題と強調する。コロナ危機の課題の範囲を広げて時間を稼ぐことで、SNPが住民投票実施の条件としている「コロナ禍からの脱却」の時期を先延ばしする戦略に出ているといえる。

スコットランドは英経済全体の7%、人口は約8%ほど。国土は3分の1を有しており、独立すれば国力や世界における英国の役割に大きな影響を及ぼすのは避けられない。同地域近くの北海には有名な北海油田があり、「英国」にとって、原油は外貨を稼げる有力な輸出品となっている。さらに沿岸海域は大規模洋上風力の建設にも最適な場所で、スコットランドは地域の電源の90%以上を再生可能エネルギーで調達している（2019年現在）。

それだけでなく私たちが普段「イギリスのもの」と認識しているものにスコットランド由来のものは多い。スコッチウイスキーはその代表格だし、ゴルフの全英オープンの開催地で有名なセント・アンドリュースゴルフコースがあるのもスコットランドだ。経済学の父アダム・スミスや名探偵シャーロック・ホームズの作者コナン・ドイルもこの地で生まれた。スコットランド産の人、モノ、名産は英国ブランドの一部を形づくっている。21年10月末からは同地域の最大の都市グラスゴーで国連気候変動枠組み条約締約国会議（ＣＯＰ26）も開く。グリーン投資を成長戦略に掲げるジョンソン政権にとってスコットランドを手放す選択肢はあり得ない。

強まるロンドンとのねじれ

１９７０年にスコットランド南西部・アーバインで生まれたスタージョン氏は、後述するサッチャー政権の統治に強く違和感をおぼえ16歳の若さでＳＮＰに入党した。活動当初から「我々が選んでいない保守党政権がスコットランドを統治するのは間違っている」と訴えていた筋金入りの独立派だ。グラスゴー大学卒業後、弁護士を経て１９９９年のスコットランド議会選で初当選した。その後、地方政界で着々とキャリアを積み、２０１４年にＳＮＰの党首とスコットランド行政府首相の座を射止めた。保守党政権が進めるＥＵ離脱にも反対

図表1-1　英議会下院の議席状況（上）と
スコットランド議会選の結果の推移（下）

英議会下院で(定数650)はSNPはわずか７％ほどだが、
スコットランド(59議席)では75％超に達する

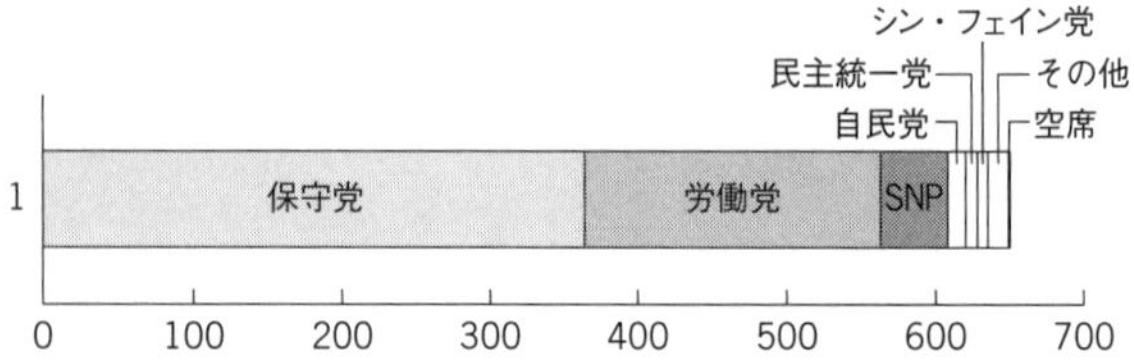

（出所）英議会下院HPより。21年6月20日現在。議長は出身政党の労働党に算入

		2021年	2016年	2011年	初回（99年）
独立派	SNP	64	63	69	35
独立派	緑の党	8	6	2	1
	保守党	31	31	15	18
	労働党	22	24	37	56
	自民党	4	5	5	17
	その他	0	0	1	2
	投票率	64%	56%	51%	58%

（注）スコットランド議会の定数は129。過半数は65

し、16年の国民投票後は「再国民投票」の実現に奔走してきた。強い言葉での直言をためらわないその姿勢から「雌ライオン」との異名を持つ。

国会にあたる英議会は下院（庶民院）のみが選挙で選ばれる民選となっているが（上院は貴族院）、その議席構成やスコットランド議会選の歴史を辿ると、スタージョン氏の主張もうなずける（図表1－1）。

英議会の下院（21年6月20日現在）は「Get Brexit Done」を合い言葉に2019年の総選挙で大勝したジョンソン氏率いる保守党が単独で56％の議席をおさえ安定した過半数を確保している。だがスコットランドにある選挙区だけをみるとSNPは全59議席中45議席を占め、英全土の保守党の議席比率とは比べものにならない76％の占有率を誇る。

ジョンソン氏に住民投票実施の強い圧力をかけたスタージョン氏だが、実は今回の議会選（定数129）では単独過半数の65議席に1議席足りなかったし、過去最高の獲得議席でもなかった。だが、同じく独立を公約に掲げる緑の党も議席を増やしたため「独立派全体」では過去最高の72議席に達した。コロナ禍で英国特有の戸別訪問による選挙活動が制約される中、過去最高レベルの投票率を記録し、その中で独立派が過半数を確保したこともスター

図表1-2　スコットランド議会選の独立賛成派・反対派得票率

	独立派政党	反独立派政党
選挙区	49.0	50.4
比例区	48.4	46.5

ジョン氏には自信になっている。

スコットランド議会が設立されたのは1999年。歴史を振り返ると、その初回選挙では、労働党が第1党でSNPはわずか35議席と第2党だった。SNPが掲げる「地域の独立」以外の政策は環境重視や軍縮、格差是正など労働党が掲げるリベラル路線に近い。その労働党と国政第4党で中道の自由民主党の支持層を徐々に奪い、議会選ではここ10年安定して過半数近くの議席を確保している。「ロンドン支配」を嫌う市民の間で「独立」という極論が受け入れられてきた経緯がみてとれる。

だが今、住民投票を実施すれば「独立派」が勝てるほど勢いがあるかといえば、ここは微妙だ。図表1－2にあるように、小選挙区と比例代表の併用制で行われた今回の議会選の主要政党の得票率をみると、選挙区では独立派政党が49・0％で反対派の50・4％をわずかに下回った。一方、比例区では独立派が48・4％で反対派の46・5％を

図表1-3　英3調査機関によるスコットランド独立の是非を聞いた世論調査推移

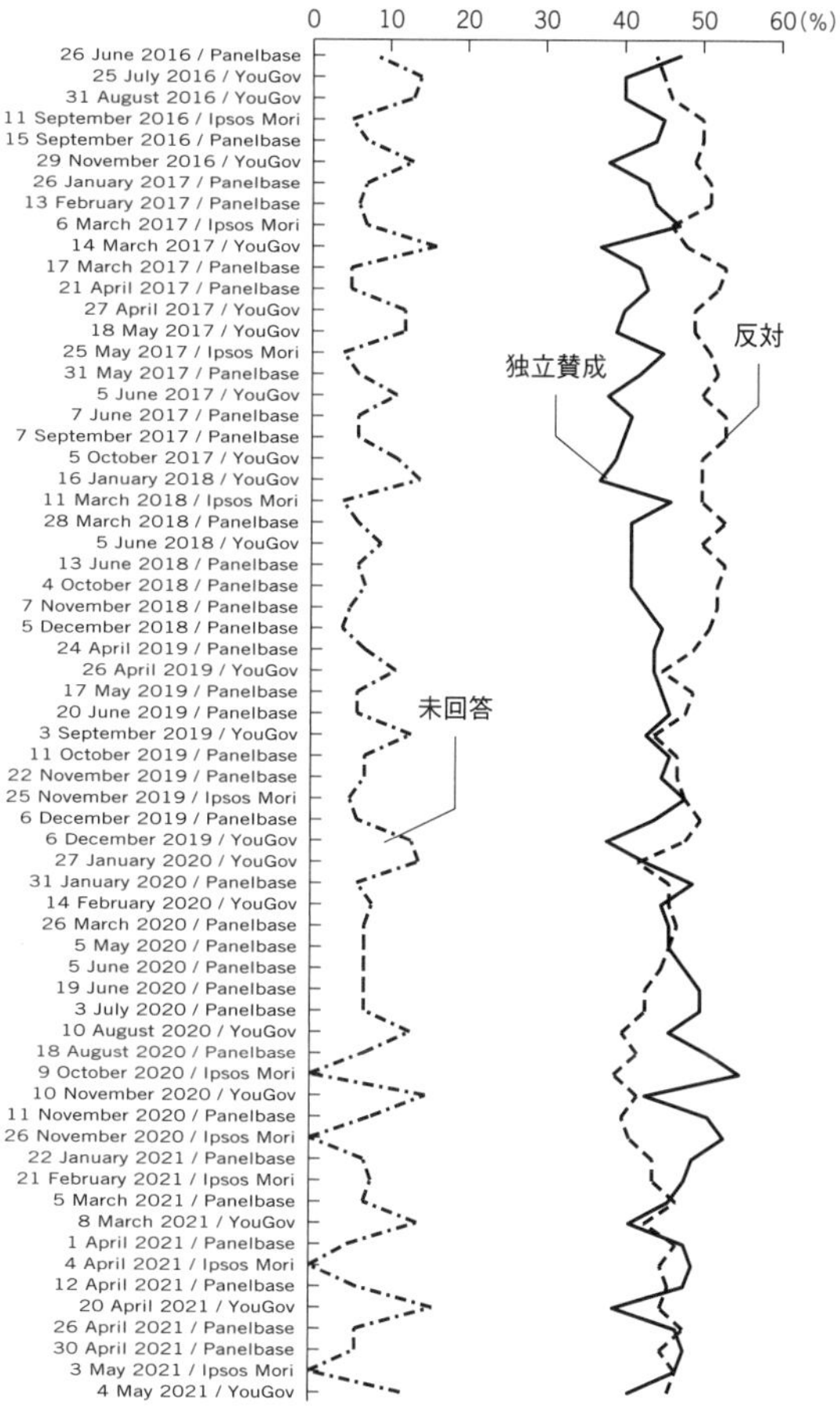

（出所）英調査機関YouGov、Ipsos Mori、Panelbaseの調査から抜粋

上回った。両派は拮抗している。

次に英国内3社の調査会社がスコットランド市民に独立の是非を聞いた世論調査の推移のグラフをみてほしい（図表1－3）。EUを離脱し、コロナ危機や、EUとのFTA交渉の難航による混乱が起きた2020年こそ安定して「独立派」が有利だったが、足元ではジョンソン政権のコロナワクチン政策の奏功で「独立反対」が巻き返し、一進一退といった様相だ。スタージョン氏が正統性ある住民投票を実現した場合、勝敗はどっちに転がるかは全くわからない。このためジョンソン首相はこの問題に慎重に対応せざるを得ないし、スタージョン氏も世論の風の見極めが必要になる。

権限委譲はたった20年前

ここで「英国＝イギリス」という国とイングランド、スコットランド、ウェールズ、北アイルランドの4つのカントリーの関係を整理しておきたい。スコットランドやウェールズの出身者は地元のことを「私の国」と呼ぶことが多いが、4カントリーは国際法上の主権国家ではない。国連や世界保健機関（WHO）などの国際機関には英国として参加する。

英国は日本のような中央集権の単一国家ではない。かといって、米国のような連邦政府と州の間で分権された連邦国家でもない難しい存在だ。

ゲルマン民族の大移動でブリテン島にやってきたアングロ＝サクソン人は10世紀ごろにイングランド王国を創設し勢力を拡大すると、まず13世紀にウェールズを支配下に置き、１５３６年に正式に併合した。さらに別の王国でイングランドと中世の時代から戦争を繰り返してきたスコットランドが１７０７年にイングランドと合同して、グレートブリテン王国となった。20世紀前半には序章や第２章で見るとおり複雑な経緯を経て北アイルランドが英国に編入された。

このように王国の併合や合同など３つの段階を経て英国という現在の国家ができあがっている。このため市民の間では今でも英国という国家よりも、自らのカントリーへの帰属意識やアイデンティティが強い。サッカーなど多くのスポーツの国際大会で「イングランド」や「スコットランド」などが別々の代表として出場するのも、カントリーごとに独自に運営団体を有しているためだ。

ところが「カントリー」と言いながら、政治的な分権が明示的に実現したのはたった20年前だ。北アイルランド紛争が激化し始める1960年代後半以降、スコットランドやウェールズでも地方議会の創設を求める声が強まったが、住民投票で賛成票が集まらないなど成就していなかった。それを97年に誕生した労働党のブレア政権が地方への権限委譲を公約に掲げて一気に進めた。97年の住民投票を経て、99年にはスコットランドとウェールズに議会が創設された。北アイルランドでも98年の紛争の和平を受けて議会がつくられた。つまり3カントリーの地方議会がようやくそろって船出をし、一定の分権が成立してからわずか20年ちょっとしか経っていない。

これによりロンドンのウェストミンスターにある英議会からスコットランド議会は広範な立法権を譲り受けた。これを示したのが図表1−4だ。エネルギーや外交安保、雇用政策や通貨政策など国の根幹を左右する「留保事項」以外はスコットランド議会が立法権を手にした。逆にいえば国の運営の根幹に関わる政策はなお中央政府や英議会が権限を握っている。健康や社会福祉政策は権限を譲ったグループに含まれるため、2020〜21年にかけてのコロナ対策では、4カントリーごとにロックダウン（都市封鎖）などの中身や時期に差異が生じている。

図表1-4 スコットランド議会が立法できる分野・できない分野

スコットランド議会が立法できる事項
健康や社会福祉 教育・職業訓練 住宅政策 警察・治安 農林水産 環境 観光 スポーツ政策 産業政策 域内輸送 一定の課税権 等
英議会の留保事項（スコットランド議会が立法できない）
憲法 外交問題 防衛など安全保障 移民と国籍管理 貿易や国の産業政策 エネルギー規制 社会保障 雇用政策 財政・通貨政策 放送 等

（出所）スコットランド政府やBBC報道などから作成

ちなみに地方に移譲されていない「留保事項」の中に、「憲法」が含まれる。英国はよく「不文憲法の国で、成文化した憲法はない」などと称されるが、この見方は正確ではない。実際は議会の任期や解散を定めた法律や、裁判所に関する法律、国際条約など国家の根幹を形作る法律の集合体を「憲法」と呼んでいる。スコットランド独立はこの憲法の範疇に入るため、実効性のある住民投票のルールを勝手に地方議会で立法できない。ジョンソン政権や英議会の承認が必要とされるのはこのためだ。

2 渦巻く「反ロンドン」感情

コロナ対策でSNP支持が向上

次になぜスコットランドで独立議論が根強いのかを短期的な観点と長期的な観点で探ってみる。まず短期的な視点で最も大きいのは、ここまで何度か指摘している2016年の国民投票とEU離脱だ。スコットランドで残留支持者が多かったにもかかわらず、EUを離脱する結果となったことへの不満が根底にあることはすでに述べた。

これに拍車をかけたのはその後のメイ政権やジョンソン政権の離脱方針だ。英議会のSNPの幹部議員でフロントベンチャー（野党議席の前列に座り、与党との論戦に挑む主力議員）の一人ディアドレ・ブロック氏は筆者の取材に「離脱が決まった後でも、私たちの党はEUの単一市場と関税同盟にとどまる案を模索してきた。保守党政権はこれも拒否した」と指摘した。残留派にとっては、仮にEUを離脱しても、関税ゼロだけでなく一定の人の自由移動の確保やEUとの製品規制ルールの共有など、離脱前にかなり近い経済関係を維持できれば「致し方なし」との見方もあった。その望みも絶たれたとの批判だ。

もう一点は新型コロナウイルス対策に関する中央政府への不満だ。パンデミック初期から2020年中のコロナ対策ではジョンソン政権の初動の気の緩みで、都市封鎖（ロックダウン）や公共交通機関でのマスクの義務化、大規模検査の実施、医療用防護具の確保など必要な対策が軒並み遅れた。この結果、英国は欧州で最悪レベルの約13万人の犠牲者を出すだけでなく、ジョンソン氏自身もコロナに襲われる結果となった。

その一方で、スコットランドのスタージョン行政府首相は前述した権限委譲の利点を活用し、中央政府と異なるコロナ対策を実行した。ジョンソン政権に先駆けてマスク着用を義務化したほか、コロナ2年目の夏も経済優先での外出規制の緩和には慎重な姿勢を示してきた。ほぼ毎日、昼から午後に記者発表に応じる姿も市民には誠実に映った。

調査機関ユーガブが各政治家のコロナ対応をどの程度信用しているか聞いた調査では、20年10月の時点でスタージョン氏を「信用している」（49）から「不十分」（35）を差し引いた値が「プラス14」だったのに対し、ジョンソン首相は「マイナス27」と大差がついていた。

毎日ニュースチャンネルでスタージョン氏の記者会見を放映するBBCに対し、首相官邸が「同氏のイメージばかり良くなる」と放映にいちゃもんをつけたとの噂が流れるほど英国内での評価は歴然としていた。スコットランド独立の是非を問う世論調査で「独立賛成」が最も高い数字となったのもこのころだ。

ただ2021年に入るとジョンソン政権のワクチン作戦が功を奏し、市民のジョンソン氏のイメージや支持率も回復。スタージョン氏との好感度の差も縮まりつつある。このため5月の議会選ではSNPが単独過半数に至らなかったし、21年に入ってから「独立賛成」に一時期の勢いはなくなっている。

保守党政権は「ファシズム」

次に長期的な視点での理由は、一部の市民の間で300年前のイングランドとの合併以来、世代を超えてロンドンやイングランドへの不信が鬱積している点だ。

イングランドとスコットランドは17世紀初頭に同一人物（ジェームズ1世イングランド王）が国王を兼ね、両国それぞれに議会があるという「同君連合」となった。だが清教徒革命の過程でクロムウェルがスコットランドを征服すると、スコットランド側でも17世紀後半くらいから国力をつけたイングランドとの合併はやむを得ないとの空気が生まれていた。

こうした背景から１７０７年に両王国は合併するのだが、当初、スコットランド側は立法権を委譲された議会を自らの地域に残すことを求めていた。だがこれを国力に勝るイングランド側が拒否した。合併は形式的には対等合併だったが、実際はロンドン・ウェストミンスターの英議会が直接スコットランドを統治するという、いわばイングランドを「存続会社」とする吸収合併に近かったといえる。

以来、１９９９年にスコットランド議会ができるまでの３００年間、自らの地域のルールを決める議会が存在しないことがスコットランドへの帰属意識が強い市民にとって、アイデンティティーの欠落を意味する重要な問題であり続けた。戦後に入ると、60年代ごろから北海油田の開発が進み、独立派が「油田の税収で英国から独り立ちできる」と主張。独立運動が盛り上がった。ＳＮＰが「これはスコットランドの石油だ（It's Scotland oil）」というキャンペーンで支持を高めたのもこの頃だ。

ただこうした独立運動が高まるスコットランドに対して保守党政権は一貫して冷たかっ

た。象徴的なのが前述したスタージョン氏に政治への目覚めを与えたサッチャー政権（1979〜90年）だ。「小さな政府」を志向した同政権は石炭産業の民営化を目指して、英全土の採算の合わない炭鉱を軒並み閉鎖した。当時、英全土で数万人の雇用が失われたとされたが、特に打撃が大きかったのはイングランド北部とスコットランドだったとされる。

さらにサッチャー首相退陣の引き金になった「人頭税」ではスコットランドだけ1年早く導入し、地域の反発を買った。人頭税は固定資産税に代わって18歳以上の市民に所得額に関係なく一定の課税をする政策だ。後に「低所得者切り捨て」との批判が全国的に高まり廃止に至るのだが、スコットランドは1年長くこの苦痛を味わった。ちなみにサッチャー氏の後を継ぎ人頭税廃止を決断したメージャー首相もスコットランド議会設立や分権については極めて批判的だった。地域の独立を警戒し、「1000年に及ぶ英国の歴史に終焉をもたらす」と発言したほどだ。

こうした歴史的背景により、スコットランドの半数近くの市民は伝統的にロンドンの英議会やイングランド支配に対し嫌悪感を抱いている。筆者はスコットランド最大の都市グラスゴーで行われた、コロナ危機前最後となる2020年1月の大規模デモ行進を取材した。悪

コロナ危機前最後の大規模デモ行進で約8万人の市民が市街地を練り歩いた(2020年1月、グラスゴーにて。筆者撮影)

天候で1時間も外にいるとジーンズがびしょびしょになるような大雨だったが主催者発表で8万人が「我々が欲しいのはEU離脱じゃない。独立だ」などとコールしながら、市街地を練り歩いた。

当時のデモ行進の主催者の一人、ニール・マッケイさんは筆者の取材に「(2019年末の総選挙で、EU離脱を主張した)保守党が大勝したが、スコットランド人の考えは全く違う。この地での多数派は自らのことは自らで決めたがっている。保守党政治は反民主的で、反人権で、反独立を押しつける。はっきりいえば一種のファシズムだ」とまくしたてた。もっとも強硬な独立支持者の意見ではあるが、「ファシズム」という言葉が出てくるあたりに、長年の反ロンドンの根深さが見える。

イングランド市民は無関心

ジョンソン政権もスコットランドへの権限委譲に後ろ向きな点は過去の保守党政権と同様だ。政権は Brexit を契機に2020年末までに「国内市場法」という法律を英議会で成立させ、スコットランドでの公共事業などに英政府から直接資金提供する仕組みを整えた。英紙フィナンシャル・タイムズによると、スコットランド行政府や同議会の議決を経ずに8億ポンド（約1200億円）の国費が直接自治体に投じられ、地域活性化などに活用されるという。ロンドンの英政権の影響力をスコットランドの各地方にアピールする狙いだが、逆に反発を招く可能性もありそうだ。

ジョンソン政権がスコットランドの独立阻止に躍起なのは既に述べた通りだが、イングランド市民は特にそう思っていないという点も、英連合王国の先行きを怪しくさせている。スコットランド議会選後の21年5月末、英紙テレグラフに載った「イングランド市民」を対象にした世論調査では、スコットランドの独立に「反対する」と答えたのは32％にとどまり、

25％が「賛成する」と回答した。45％は無回答だった。つまり3分の2はスコットランドの独立に「賛成」か「関心がない」のである。

ちなみに後述するが、スコットランドが独立すればイングランドとの間に物理的な国境ができる可能性がある。それでも38％のイングランド市民は「独立する場合には、国境ができてもよい」と答えている。イングランド市民の強い民意があれば、ジョンソン政権がスタージョン氏の住民投票実施の要求を拒否し続けやすいところだが、実はそこがかなり怪しいという点は念頭に置いておくべきだろう。

3 住民投票を巡る攻防

前回は、政権側に「楽勝」の読み

次に今後のスコットランド政局の行方を探ってみる。ジョンソン政権がスタージョン氏の住民投票実施をこのまま全く認めない場合、「独立」の可能性はゼロなのだろうか。

まず2014年に住民投票が実現した経緯を振り返ってみる。英国とスコットランドの関係はスコットランド行政府の設置を定めた1998年のスコットランド法などに規定されており、この法律は「憲法」の一部とされている。つまり前述の通り、英政府がスコットランド側にルール変更の権利を与えていない「留保事項」だ。

このため12年10月に当時のキャメロン首相とSNP党首でスコットランド行政府のサモンド首相が、スコットランドの地位に関する事項を一時的に留保事項から外して、法的基盤を伴う住民投票を認める合意を結んだ。いわゆる「エディンバラ合意」だ。

キャメロン首相はこの合意のとき「英国が現状のまま維持されることに人々が賛成するものと強く信じている」と述べ、残留派を支持する意向を明確にした。16年のEU離脱の国民投票と同じ構図だ。

キャメロン氏の政治戦略については第6章で触れるが、住民投票で独立派を打ち負かすことで長年の独立論争に長期間フタができると考えていたとみられる。11年5月のスコットランド議会選でSNPは史上最多の69議席を獲得し独立派は勢いづいたが、有権者はスコットランドの権限拡大は支持していても独立への支持が高いわけではなかった。エディンバラ合意時点の地元報道の世論調査によると賛成28%、反対53%。いまとは全く異なる状況だったのがわかる。こうした情勢もキャメロン氏の判断を後押しした。

だが投票日が近づくにつれて独立派は勢いを増し、敗れたとはいえ、最終的な得票率は45%対55%と僅差になった。この結果、キャメロン政権は住民投票後に、所得税の税率を決める権限などをスコットランドに委譲することに応じた。それでも「外交や防衛も自分たちで判断すべきだ」「ならば独立だ」と反独立派の権限委譲を求めるボルテージは衰えることはなく、現在のスタージョン行政府首相に引き継がれている。

泥沼の法廷闘争もあり得るが…

では今回の政局はどうなるだろうか。前回と明らかに違うのは一時期の勢いはないとはいえ、世論調査で独立に半数近くの賛成票が集まっている点だ。ジョンソン政権はこの点を重視し、「コロナ対応優先」をテコにした「先延ばし」も駆使しながら住民投票実施を徹底的に阻止する構えだ。

この両者の戦いの行方は、非常にシンプルだが、最終的にどちらが世論の味方をつけられるかにかかっているように見える。スタージョン氏率いるスコットランド政府は2021年3月にすでに次の住民投票実施のための法案を公表している。この中で投票用紙の質問で「スコットランドは独立国家になるべきか?」と前回と同じ文言を使うことや、地方議会が投票日を決めることなどを定めている。SNPは21年5月の議会選で独立派が過半数を獲得した場合、この法案を審議し可決させると公約していた。

スタージョン氏が採り得る第一歩はジョンソン政権の承認がなくてもこの法案をスコットランド議会で可決してしまうことだろう。だが前述の通り、地域の独立に関わる事項は「留保事項」のため、スコットランド側に権限はない。このため、英シンクタンク政府政策研究所は「法案が可決されれば、ジョンソン政権は裁判所に、住民投票法案は英政府が委譲した権限の枠外だ、と訴える可能性が高い」と分析する。さらに政権側が裁判で負ける可能性も踏まえて、「独立に関するあらゆる形式の住民投票が権限委譲の枠外にある」とするような法案を英議会に提出して、住民投票を徹底的に阻止する手段も考えられると指摘する(図表1—5)。

ただ裁判所への提訴も「住民投票阻止法案」の英議会への提出も、いずれも国が地方の民

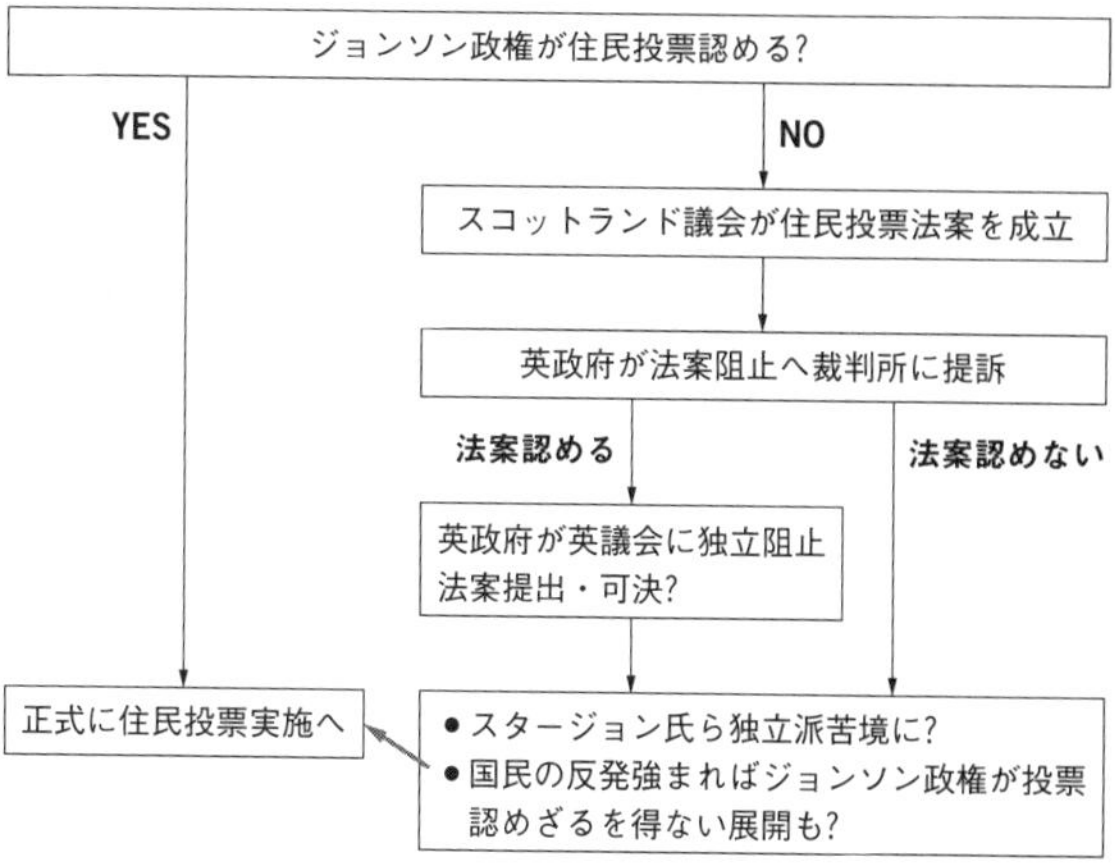

図表1-5 コロナ危機脱却後に想定されるシナリオ

意を潰す構図に捉えられかねず、国民の強い反発を招く展開もあり得る。そうなればジョンソン首相にとっては政権支持率や次期総選挙の情勢に打撃を与えることになる。スタージョン氏もそこまで織り込んで布石を打っているように見える。21年5月のBBCのインタビュー番組ではこう語っている。

「この問題を法廷で決める状況になれば、要するに英政府はスコットランドが民主的に独立する手段などないと言いたいのだと、明らかになってしまう」「私たちがここに座って、住民投票の結果が尊重されるかどうかについて議論していること自体、英政府がもう長い間、いかにスコットランドの民主主義を軽視してきたかを物語っている」。

スタージョン氏は「横暴な英政府、それに立ち向かうスコットランド」というイメージを早速つくりあげ、判官びいきの世論の支持を得ようとしているように見える。それがゆえにジョンソン政権は本丸のイングランドや英全土でのイメージ回復を急ぎ、「連合王国維持に利があり」との世論を高める必要がある。

4 独立・EU再加盟への課題——「通貨」「防衛」「財政」

「ポンド」は当面、継続使用？

住民投票を拒絶するジョンソン政権へ対抗するために、スタージョン氏ら独立派も「独立に利あり」との根拠を示す必要がある。だが実は独立派も指摘される様々な難題に回答を出し切れていない。

独立派の市民団体や識者がよく例示するのはスコットランドと人口規模が近い国との比較

図表1-6　スコットランドと似た人口規模の国・地域

	人口（2020年）	GDP（2019年）	面積（平方km）
スコットランド	565万人	2,120億ドル	78,000
デンマーク	579万人	3,501億ドル	42,434
フィンランド	554万人	2,690億ドル	303,815
アイルランド	494万人	3,986億ドル	68,883
ニュージーランド	482万人	2,091億ドル	264,537
北海道	527万人	1,786億ドル	83,424

（出所）英政府、Worldometer、世界銀行、The world Factbook、日本の内閣府、北海道庁から作成
（注）面積は陸地の数字。北海道は北方領土5003平方km含む

だ（図表１－６）。彼らはデンマークやフィンランドといった北欧諸国の高福祉政策を独立後のスコットランドのモデルにすべきとみており、こうした国に全体でも１人当たりでもＧＤＰで水を開けられていることから、独立による経済成長余力は十分にあると主張する。

ただ実際に新国家を立ち上げるとなれば、様々な課題が立ちはだかる。一つ目は通貨の問題だ。スコットランドがＥＵに再加盟するとなると、ＥＵがユーロ導入を加盟の条件にする可能性がある。２０１４年の住民投票の直前にはＥＵの幹部から「ユーロ加盟がＥＵ加入の条件」との発言が飛び出し波紋を呼んだ。当時のＳＮＰ党首のサモンド氏は独立後のユーロ導入

を拒否していたためだ。サモンド氏は英スターリングポンドを使い続け、金融政策を担う中央銀行もイングランド銀行に任せる「通貨同盟構想」を打ち出していたが、キャメロン政権に「拒絶する」と断言され通貨政策はやや袋小路にあった。

スタージョン体制では明確な方針を打ち出していないが、ヒントになるのがSNP政権の諮問機関「持続可能な成長委員会（Sustainable Growth Commission）」が2018年5月に発表したレポートだ。ポイントを抜粋すると①通貨はポンドを維持するが、英国との正式な通貨同盟は必要ない②スコットランド中央銀行と金融規制当局の新設が必要③EUに再加盟する際にユーロに参加する義務は発生しないとみられるが、スコットランドとEUに利益があるときに限りユーロに参加する――としている。サモンド体制との違いは英国との通貨同盟を捨てて、独自の金融政策を採り、将来のユーロ加盟の選択肢も消していないという点だ。「スコットランド・ポンド」という新通貨が誕生するかたちになるとみられる。

過去には分離独立したクロアチアやスロバキアが円滑に中銀を創設した例があり、専門家の間では「IMFなどの国際機関も支援するだろうし、著名な経済学者を輩出しただけに人材も問題ない。2～3年もあれば中銀は設立できる」との見方が多い。

ただ、たとえば新通貨のレートを英ポンドとペッグする仕組みにするなど工夫しても、通貨の信用力が高まらなければ国債の発行すら容易ではない。新通貨を支えるための十分な外貨準備の積み上げができるかも見通せない。スコットランドに本店を置く金融大手ナットウエスト・グループ（旧ロイヤル・バンク・オブ・スコットランド＝RBS）は独立する場合には、ロンドンに本店を移転すると明らかにした。いざ独立となれば、金融業界や市場の激動は避けられなさそうだ。

英の核戦力はどこへ

独自の防衛力の確保も大きな課題だ。SNP幹部の間ではここでも人口規模が近いデンマークなどを手本に、自国防衛や国際平和を主な使命にした軍隊の保持を目指すとの意見が出ている。デンマーク軍の場合、人員は約2万5千人。6万3千人の予備役を抱え軍事費のGDP比は1・3％ほど。スコットランドにとっても持続可能な規模とはいえるが、独立直後の立ち上げが難問だ。

もう一つ欧州全体の安全保障体制に関わる重要な問題がある。英国は米中仏ロと並ぶ5大核保有国の一つで、全ての核兵器を4隻のヴァンガード級原子力潜水艦に装備されたトライデントSLBM（潜水艦発射弾道ミサイル）システムで保持している。この核ミサイルを積んだ潜水艦の母港はスコットランドの最大都市グラスゴーから北西約45キロにあるクライド海軍基地にある。

SNPや独立派の市民の多くは核兵器に強く反対しており、独立すれば原子力潜水艦の撤退を要求する可能性は極めて高い。SNP政権は独立後の自国が核兵器を失っても、前述したコンパクトな軍隊で北大西洋条約機構（NATO）に加盟して集団安全保障体制の一端を担う方針だろう。一方、本当に独立となった場合に、英国側にクライド海軍基地にある原子力潜水艦を動かす代替案があるのかは定かではない。英国は2020年代以降も潜水艦によるSLBMでの核抑止力を続ける方針のため、スコットランドとの「独立交渉」で難題になる可能性が高い。

EU再加盟にもハードル

SNPや独立派は英国からの独立を果たした後、速やかにEUへ再加盟すると主張する。

これもスムーズに行くとは限らない。ハードルの一つが独立後のスコットランドの財政だ。英紙フィナンシャル・タイムズは英国全体が新型コロナの経済停滞から完全に脱却した後でも、スコットランドの財政赤字はＧＤＰ比で９・９％に達すると試算した。防衛費などで英国と支出を分担した場合でも８・７％の赤字が残る。財政難が恒常化する日本でもコロナ前の２０１５〜19年の財政赤字はＧＤＰ比で３〜５％ほどだったことを考えると赤字幅は大きい。

ＥＵは加盟国に対し、「予算年次ごとの財政赤字をＧＤＰ比３％以内に抑え、債務残高がＧＤＰ比60％を超えないこと」を求めている。ＥＵはコロナ危機で財政ルールを一時停止しており、コロナ後にルール自体が見直される可能性はあるが、どこまで緩むかは不透明だ。ちなみにＧＤＰ比８・７％の財政赤字を３％以内に収めるには、スコットランド市民１人当たり年間１７６５ポンド（約26万5千円）もの負担増か歳出カットが必要になる。

もう一つがイングランド―スコットランド間の新たな「国境」の問題だ。スコットランドがＥＵに再加盟すると海の向こうの欧州大陸やアイルランドとの間で関税ゼロの貿易やヒト・モノの自由移動が復活する。だが今度はＥＵ域外である陸続きのイングランドとの間で国境管理が必要になる。英・EU間で揉めた離脱交渉と同じような新通商ルールを巡る紛糾が、英国—スコットランド間で起きる可能性が極めて高いのだ。

元スコットランド議会議員で現在もSNPの独立政策を主導するマイケル・ラッセル氏は2021年4月末の講演で、英国—アイルランド間で地域の安定のために導入されている「共通旅行区域」のルールを、イングランド—スコットランド間でも応用し得ると語った。双方の市民が互いの国を自由に移動できるルールだが、EUがスコットランドに例外を認める可能性は低いとの見方が大勢だ。

スコットランドからの輸出入や域外との取引のうち、60％はイングランドなど他の残りの英国が占める。ロンドン・スクール・オブ・エコノミクスは、独立に伴う新たな国境の障壁など貿易コストの増加などで同地域の1人あたり所得は6・3～8・7％減るとはじいた。同じ人口規模の北欧諸国に追いつくどころか経済は縮む恐れがあるとの試算だ。

それ以外にも、スコットランドのEU再加盟には加盟27カ国の全会一致の同意が必要になる。スコットランド出身で同地域の英陸軍部隊にも所属したことがある保守党のイアン・ダンカンスミス元党首は21年2月の筆者の取材にこう語った。

「ＥＵ再加盟は簡単に認められないだろう。カタルーニャ州の独立問題を抱えるスペインが決して同意しないし、スコットランド単体の財政赤字の問題もある」「経済面でも、スコットランドの金融の中心地エディンバラは多くのビジネスでロンドンと深くつながっている。私は独立に実現性があるとは思わない」

とはいえ、残留派が経済面や外交面での悲観論を訴え、それに対し離脱派が「それは住民を不安に陥れるための『恐怖プロジェクト』だ」と反論する構図は Brexit の構図とそっくりだ。「ＥＵから主権を取り戻すことで自国の繁栄につなげる」としてＥＵ離脱を推進したジョンソン氏が、同じく「ロンドンから決定権を取り戻したい」というスコットランドの独立を阻止するのは根本的な矛盾をはらんでいる。

「財務省の支援策とワクチン計画が回復の基礎を築いた」「憲法や分権の問題で異なる見解はあるが、これらの違いで国の強力な回復を妨げてはいけない」。21年の6月初め、ジョンソン首相はスタージョン氏らイングランド以外の3カントリーの首脳が参加した会議でこう訴えた。英国にとどまるからこそ危機を乗り越え繁栄できる――。ジョンソン政権は当面はこのレトリックで、住民投票の先送りと独立派の切り崩しを続ける。

一方のスタージョン氏率いる独立派も2021年半ば以降は20年中のピーク時のような勢いはない。ジョンソン政権がスコットランド政府にさらなる権限委譲を認め、SNP政権側がそれで矛を収めるというシナリオもあり得るかもしれない。

インタビュー① 英議会下院スコットランド民族党議員 ディアドレ・ブロック氏

「小国としての経済自立に自信、できるだけ早くEU再加盟」

――2021年から発効した英国とEUの貿易協力協定（TCA）の評価を教えてください。

「ジョンソン政権をはじめとした離脱派はEUと貿易協定を結べば、非関税障壁も含めた摩擦のない貿易が実現すると人々を誤解させてきた。実際に完全離脱に至り、国内の事業者は輸出申告書類などの膨大な事務作業の発生やコスト増、EUルールの壁など分厚い非関税障壁に苦しんでいる。スコットランドの強みの水産業は小規模企業が多く、彼らの事業や雇用の継続は不可能になりかけている」

――スコットランドは何のために独立するのですか？

「EU離脱がまさに大きな失望をもたらし、英からの独立を願うスコットランドの人の数を増やしている。我々の地域は16年のEU離脱を問う国民投票で62％が残留を選んだ。離脱が決まった後でも、私たちの党はEUの単一市場と関税同盟にとどまる案を模索してきた。保守党政権はいずれも拒否した。14年のスコットランド独立を問う住民投票で一度『残留』が勝っており、二度も民意を聞く必要はないとの声があることは承知している。だが当時はEUにとどまることが前提だった。EU離脱で状況は激変しており、住民投票の実施には理がある」

「私たちは歴史的にもロンドンにいる指導者に懐疑的で、彼らは私たちの暮らしの問題や懸念を理解していないと感じてきた。EU離脱と今回の貿易協定はその典型だ。スコットランドでは1950年代以降、総選挙で現在の国政与党の保守党が過半数の議席を確保したことはなく、保守党政権への信頼はない」

――実際に独立することになれば、安全保障や通貨の問題が障壁になりませんか？

「スコットランドと同じ人口規模（約550万人）が近い他の国にも独自の防衛力がある。たとえばデンマークは自国防衛や国際平和の維持を主な使命とした軍を持っており手本になる。英国の核兵器を積んだ原子力潜水艦の母港はスコットランドにあり、それに不満を持つ住民も多い。我々の党は核兵器に強く反対している。独立すればスコットランドにある核兵器や原潜の扱いも焦点になるだろう」

「通貨に関して私たちは、独立後の当面はスターリング・ポンドを継続して使うことを提案している。新型コロナウイルス危機からの経済再生後には使用するのに最適な通貨を考えたい」

――独立後の経済自立に不安はありませんか？

「スコットランドには世界のトップ200大学に複数の大学が入るなど最高の教育を受けた労働力があり、再生可能エネルギーも含めた豊富な天然資源を抱える。さらにスコッチウイスキーをはじめとする食品・飲料産業や成長著しいハイテク産業なども点在しており、小国としての経済の自立には自信がある」

――EUの再加盟は順調に進むと思いますか？ カタルーニャ地方の独立問題を抱えるスペインが賛成しない可能性も指摘されます。

「カタルーニャ独立の問題と比較するのは、スコットランド独立を防ぐための恐怖プロジェクトの一種だと思う。スコットランドは（イングランドとの合同前に）何百年も独立した王国だった。我々は20年1月末までEU加盟国だったので、EUが求める基準やルールをクリアするのは容易だろう。できる限り早くEUに再加盟し、彼らとの経済関係を元に戻すことが目標だ」（2021年2月取材）

（写真は英議会提供）
Deidre Brock 2015年下院初当選。SNPの幹部議員である「フロントベンチャー」で、気候変動対策や食料政策を統括する。1961年、豪州生まれ。

第 2 章

南北アイルランドが一つになる日

北アイルランドの親英派居住区の保育園のフェンスに、ジョンソン英首相やバイデン米大統領を批判する横断幕が張られている（2021年4月、英ベルファストにて筆者撮影）

1 ラグビー代表は南北統一チーム――「北アイルランド問題」とは?

試合前に歌うのは国歌でなく「Ireland's Call」

Brexit は英領北アイルランドと地続きの「EU加盟国アイルランドとの国境問題」というパンドラの箱も開けてしまった。英国とEUが離脱条件をまとめる交渉での最大の難所になっただけでなく、いまなお地域の治安を不安定にする暴動が相次ぐなど落ち着かない状況が続いている。

このやや複雑な「北アイルランド問題」を理解するのに手助けになるかと思うので、少し前の話になるが、まずは日本が自国開催で大活躍した2019年のラグビーワールドカップ(W杯)の話から始めたい。

19年9月28日、筆者は豪華客船タイタニックを作り上げた造船の街として知られる北アイルランドのベルファストを訪ねていた。この日の朝は日本が大金星を挙げ、ラグビーW杯躍進のきっかけとなった優勝候補アイルランドとの大一番。市街地のパブや喫茶店では格下の日本代表に「我がチーム」が大苦戦するなか、いらだちを募らせながら客がテレビやラジオに集中していた。前日に北アイルランドの企業の幹部と話したときも「日本は良いチームだからね。予選リーグでいちばん良い試合になると思うよ」と余裕の上から目線だった。

まさかの敗戦のノーサイドの笛が鳴った後、筆者はコーヒーと新聞片手にラジオ観戦していた中年の男性に恐る恐る話しかけてみた。「あのー、日本のメディアなんですけど……」。男性は「きょうのアイルランドはけが人が多くて本来のできじゃなかった。あんたの国と決勝トーナメントで再戦するしかないな」と穏やかに語り、筆者の肩をぽんとひとたたきして去っていた。

ところでベルファストがある北アイルランドは英国領であって、アイルランド領ではない。だがラグビーでは2つの国に分かれた南北のアイルランドが「統一チーム」で出場している。だからベルファストのスポーツ店にはアイルランド代表の緑のラガーシャツやポスターが貼られ、人々はイングランドなど英国の代表チームではなく、隣国アイルランドの代表に声援を送る。当時の代表キャプテンのローリー・ベスト選手も北アイルランド出身だった。

この少し不思議な構図の背景には同国の歴史がある。1801年に英国に併合されたアイルランドは1916年のイースター蜂起や19年からの独立戦争を通じて大英帝国支配に抵抗してきた。この独立戦争の休戦条約（英愛条約）が両国の間で結ばれたのが1921年。このとき、大英帝国内の自治領としてアイルランド自由国が誕生したが、プロテスタント系住民が多い北部の北アイルランドは英国にとどまり、カトリック系が多い南部から分離された。それから100年経っても続く、アイルランド島の摩擦はこの条約が起源になっている。

その後、37年に独立したアイルランドは、第2次大戦後の49年に英連邦も離脱した。こうして北部と南部は国境で分かれることになったのだが、60年代後半からは、北アイルランドを中心にアイルランド統一を目指すカトリック系（ナショナリスト）と英国の統治を望むプロテスタント系（ユニオニスト）の間で凄惨な武力衝突が繰り返された。

70～90年代に世界的に名をはせたカトリック系過激派アイルランド共和軍（IRA）と、英軍やプロテスタント系武装組織との戦いはすさまじく、3500人あまりが命を落とした。ようやく98年、後にノーベル平和賞を受けることになる双方の政治指導者による「ベルファスト合意」で和平が結ばれた。北アイルランドの将来の帰属を住民の意思に委ね、アイルランドは北アイルランドの領有権を放棄することが盛り込まれた。アイルランド統一がなされるには、南北双方での民主的な住民投票での過半数の賛成が必要になった。

ラグビーに話を戻すと、アイルランドのラグビー協会が創設されたのは英国統治下の1879年。南北分裂の前だった。その後、度重ねる流血の歴史を経たが、ラグビー協会は統一チームを貫いてきた。だから試合前に歌うのも国歌ではなく、南北住民がわだかまりなく一緒に歌えるようにつくられた「アイルランズ・コール」。「Shoulder to shoulder. We'll answer Ireland's call（肩寄せ合い、我々はアイルランドの声援に応える）」。勇壮な旋律によく馴染んだ歌詞には南北合同で戦うチームの決意や平和への願いが込められている。

ちなみにラグビーと人気を二分するサッカーは英愛条約を契機に協会が２つに分かれた。地元の人に聞くとカトリック系やアイルランドのパスポートを持っている人はラグビーもサッカーもアイルランド代表を応援する傾向が強く、プロテスタント系はサッカーでは北アイルランドを応援するという。

Brexit で和平に危機

1998年の和平まで北アイルランドの市民は紛争やテロの脅威におびえる毎日だった。特に国境周辺の緊張は長期間、高いままだった。アイルランドとの国境の町、ロンドンデリーで育った50歳代の女性は「30年近く前はビール1本持って国境を越えるにも検査があり、銃を持った衛士が立っていた」と振り返る。80年代にはラグビーの代表選手が遠征に向けて国境を越えて移動する際に、テロの標的となり負傷する事件も発生した。IRAは保守党の党大会中に、サッチャー首相が泊まっていたホテルを爆破したり、金融街シティで爆破テロを起こしたりするなど英本土も危険に陥れていた。

これが98年の和平後、両国間の往来が安全になり、さらにEUの下でヒト・モノ・カネの自由な移動が実現し平和は少しずつ戻った。大小数百本近い道路が結ぶ約500キロの「国境」には、一部の道路に日本の「県境」のような標識があるとか、速度標識が「マイル」から「キロ」に変わるといったこと以外には何も国境らしきものが存在しない。コロナ危機前の平常時には毎日約3万人が通勤のために「越境」し、ひと月に約40万台のトラックが国境を行き来していた。国境近くのガソリンスタンドはポンドとユーロの両方の表示が掲げられ、いずれの通貨でも支払いを受けてくれる。

ただ長くいがみ合ってきた双方の本当の和解がそう簡単に進むわけではない。ロンドンデリーでPR業を営む60歳代の男性は筆者の取材に「私も父も相手を憎み合い殺し合ってきた過去がある。本当の和解は数世代たつまでは、なされないだろう」と厳しい現実を語った。

筆者が訪れたことがあるベルファストやロンドンデリーの街はいまだにプロテスタント系とカトリック系の居住区が分かれ、それぞれ英国旗が大量に掲げられたり、アイルランドカラーに壁が塗られていたりしている。カトリック系の居住区では威圧のためか壁に「IRA」と大書きされた落書きを何カ所も見た。ベルファストでは至る所に居住区を分ける壁が立ちはだかり、夜には偶発的な小競り合いが起きないよう門が固く閉ざされる。本当の和平にはまだ至っていないというのが実感だ。

ちなみに北アイルランド問題は現地では俗称で「The Troubles（厄介ごと）」と呼ばれている。少し相手と打ち解け、言い方さえ気をつければ、筆者のような部外者が「Troubles について教えてくれ」と聞いても悪い顔はされない。むしろ言葉としてはこちらの方が様々

北アイルランド最大の都市ベルファストには和平から20年以上経ったいまでもプロテスタントとカトリックの居住区を分ける壁が町の中に立ちはだかる(2021年4月、筆者撮影)

な歴史を背負っているぶん伝わりやすい。ただこの言葉が消えないことは、両派のわだかまりが残っていることも示している。

北アイルランド問題は水面下でそうしたわだかまりはありつつも、表面的には安定を続けるという微妙な均衡を保っていたのだが、これをBrexitがたたき起こしてしまった。英国が2016年の国民投票で離脱を選んだ後、和平の維持と紛争再発の回避を最優先にしたい英国とEUの双方は常に「両国国境に物理的な国境や厳しい国境管理（ハードボーダー）は講じない」と繰り返してきた。

もしアイルランド島にハードボーダーが復活すれば南北分断の象徴とみられ、アイルランドの民族意識を刺激して悲惨な紛争再燃の引き金を引きかねない。実際にロンドンデリーの国境近くにあるレストランの主人は1990年に、目の前にあった英国が管理する検問所がIRAの手で爆破される姿を目の当たりにした。この事件は英国への裏切り者と見なされたカトリック系の住民がIRAに拉致され、強制的に自爆テロを強いられた最も残虐な事件として知られる。それだけに国境沿いの住民は、「国境を越える車を監視するカメラや装置ができただけでも、過激派の攻撃の対象になる」と危機感をあらわにする。国境の問題は極めて敏感だ。

だがEU離脱、具体的には英国がEUの関税同盟や単一市場から抜けることで、通常なら国境でのヒトの移動の管理や通関手続きが必要になるはずなのに、ハードボーダーをつくらないためにはどうしたらいいのか？　という大難問が急浮上した。もし、ロンドンがあるグレートブリテン島とアイルランド島の間に疑似的にでも国境をつくればハードボーダーは必要ないかもしれない。でも英本土と切り離されアイルランドとの同化が進みかねないこの案

図表2-1　Brexit のトリレンマ

①英国はEUの関税同盟と単一市場から出る
＝英・EU間で国境管理が必要
解はあるのか?
②アイルランド島に
バードボーダーは作らない
③英国内にボーダーは作らない
ダブリン
北アイルランド
英国
EU加盟国
アイルランド
ロンドン

を、今度はプロテスタント系のユニオニストが許すはずがない。

「アイルランド島にハードボーダーをつくらない」「英国はＥＵの関税同盟と単一市場から出る」「英国内にボーダーはつくらない」というこの３つの要求を満たす解はなかなか見つからない。「Brexit のトリレンマ」（図表２－１参照）と呼ばれたこの問題にメイ前首相やジョンソン首相は悩まされ続けた。そして Brexit がなければ脚光を浴びることはなかったであろう「南北アイルランド統一論」にもスポットがあたることになった。

２　メイ首相が嵌まった「ベルファスト合意」と「Brexit」の両立

「Brexit の98％が北アイルランド問題」

メイ政権下で英国とＥＵの離脱交渉の第１ステージにあたる「離脱協定の策定と、英議会での賛同の取り付け」が難航していた２０１９年初頭。北アイルランドの経済団体「マニュファクチャリングＮＩ」のＣＥＯステファン・ケリー氏は筆者をクルマに乗せて、ベルファァストの町を案内しながらこう語ってくれた。「北アイルランドのＧＤＰは英国全体の２％しかない。でも Brexit の98%を左右している」。

まさに交渉第1ステージの焦点の大半は、「ブレグジットのトリレンマ」の解決策探しであり、メイ前首相の政権の寿命が潰えたのもこの問題を解決できなかったからだった。

そもそも英側に準備不足があったというのが筆者の見方だ。アイルランド政府外務省のある幹部によると、２０１６年の国民投票で離脱が勝つ可能性があるのを見極めた時点で、同国は北アイルランドの国境問題が離脱交渉の難題になって、１９９８年のベルファスト合意をリスクにさらす恐れがあるとＥＵの欧州委員会に伝えていたという。一方ジョンソン首相は外相時代の２０１８年夏のある会合での会話で「北アイルランド国境が交渉の障害になっているとは信じられない」と語っていた。しかもこの問題を、大騒ぎした割には何も起きなかったコンピュータの「２０００年問題」にたとえたという。いま北アイルランド各地で暴動が起きていることを考えればこの見立ては間違っていた。

国民投票で残留の勝利を勝ち取れずに退陣したキャメロン政権の後を継いだメイ首相は国内での政権基盤を固めるために２０１７年、総選挙に打って出た。だが逆に議席を減らし、せっかく手にしていた単独過半数を割ってしまった。このため政権維持のために北アイルランドの英国統治を求める地方政党の民主統一党（ＤＵＰ）と閣外協力を余儀なくされた。グレートブリテン島と北アイルランドとの様々なずれを一切許さないＤＵＰは、反カトリックや反アイルランドの急先鋒だ。そのＤＵＰを満足させないと議会の過半数がとれなくなったこともメイ氏の手足を縛った。

浮かんでは消える解決策

北アイルランド問題の具体策がはじめに姿を現したのは18年の2月末、ＥＵ側からだった。この案は簡単に言えば北アイルランドだけＥＵと共通の関税ルールをもつ「関税同盟」と、製品規制などの調和を図る「単一市場」に残留させる案だ。グレートブリテン島と北アイルランドの間に通関上の国境を置く案で英国の一体性が守られるとはいえない。むしろ北アイルランドをＥＵに取り残し、残りの3カントリーだけでＥＵを出る案と言ってもいい。ＤＵＰはもちろん、保守党の強硬派にも飲める案ではなかった。メイ氏はその日のうちに「英国を分断する内容だ」と拒否する姿勢を示した。

次に6月上旬に英側が案を出した。この時点での英・EUが共有していた離脱の大枠を確認しておくと、2019年3月末にEUから離脱するものの、20年末までは激変緩和の「移行期間」で関税や人の移動などは加盟時のままとし、(序章で述べた「交渉第2ステージ」の) 移行期間中に英EU間の新たなFTAを結ぶとしていた。それを踏まえた英側の国境問題の解決策は、20年末までにFTA交渉と合わせて北アイルランド問題の解決策を考えるものの、見つからない場合には、EU離脱後も暫定的に英国全体をEUの関税同盟に残して無関税貿易を続けるという案だった。英全体で暫定的にEUとの国境管理をなくそうという案だ。この暫定期間を最長21年末までとした。

この案には翌日にEUが反発した。バルニエ首席交渉官が「(北アイルランド以外も含めた) 英全体を関税同盟に残すことはできない」と指摘した。EUから離脱し、毎年の拠出金の支払いなどの義務も終えるのに、英全体でEUとの無関税貿易を続け、かつEUが持っているカナダなど域外とのFTAの恩恵も継続しようとする英国の姿勢に「いいとこ取り」との批判があがった。しかも21年末時点でも国境問題の解決策が見つからなかった場合にその先どうするかが示されていない。これも「ハードボーダーの完全な回避が担保されていない」と指弾された。

こうした紆余曲折を経て18年11月に英・EUの「政府間」で合意したのが、一般的にその後「バックストップ」と呼ばれることになる案だ。まずは20年末までの「移行期間中」にFTA交渉とともに、北アイルランド問題の解決策を考え、見つからない場合に暫定策となるバックストップを講じるという2段構えだ。その暫定策は「解決策が見つかるまで」、①英国全土を関税同盟に残し、②北アイルランドに限って製品などの規制をEUルールに合わせる――という案だった。これを離脱協定に付随する「北アイルランド議定書」に盛り込んだ。関税と規制をEUと調和させればアイルランド島のハードボーダーは回避できる。

英議会で3回否決、離脱延期でメイ政権退陣

ただこの案では関税同盟に残っている間は、英国が離脱の最大のメリットとみるEU域外の国・地域とのFTAを発効できないとされた。しかも英国案と違い最終期限も設定されていない。

つまり解決策が見つからない限りは、英国はこのバックストップから抜けられず、通商政

策のフリーハンドを握れないことを意味する。離脱で英国の自由や主権を取り戻したい保守党内の強硬離脱派は「離脱後もＥＵに永久に縛られ続ける」と鋭く批判した。さらに北アイルランドにＥＵルールが色濃く残る部分にも、ユニオニスト政党のＤＵＰは「がっかりした」と失望を隠さなかった。欧州議会と英議会の双方で承認されなければ英・ＥＵで合意した離脱協定は発効には至らない。この後、メイ首相の苦悩が始まった。

この時点で「離脱の延期はない」としていたメイ首相に残された期間は19年3月末までの約4カ月。メイ氏は議会に「私の離脱案か、『合意なき離脱』のどちらを選ぶかだ」という瀬戸際戦術を迫るものの、反対派の翻意はまったく進まなかった。勝算なきまま、突っ込んだ19年1月15日の採決では賛成２０２、反対４３２という歴史的な大差の否決となった。

その後、ＥＵとの協議で「ＥＵが英国を永久にバックストップに拘束しない」との文書上の約束を取り付けたものの、法的拘束力のある離脱協定からバックストップが外れない中では反対派の勢いは収まらなかった。3月12日、同29日と2回採決にチャレンジするも、続けて否決され、19年3月末の当初の離脱予定日は延期された。

3回の議会下院否決を経て、ＥＵ残留派の圧力で「合意なき離脱」の選択も採れず離脱延期を強いられたメイ首相は急速に政界での求心力を失っていった。その後、19年5月の統一地方選で保守党が大敗し、欧州議会選の敗色も濃厚になった同24日、メイ首相は辞任を表明した。

ダウニング街10番地の首相官邸前での辞任演説では「妥協は決して汚い言葉ではない」と離脱を実現できなかった悔しさをにじませた。そして最後は「愛する国に仕えたのは生涯の光栄でした」と涙声でスピーチを締めた。英国史上2人目の女性首相は北アイルランド問題に押しつぶされた。

3 北アイルランドを裏切ったジョンソン首相の打開策

欧州中が驚いた新合意

メイ首相の後任として「Brexit のトリレンマ」の解決を託されたのが19年7月に就任した反EUの急先鋒のジョンソン現首相だ。メイ氏の失敗で離脱期限は同3月末から10月末に延期されていた。ジョンソン氏は党首選の最中や就任当初から「メイ首相のバックストップ案は修正か削除の必要がある」と明言し、「10月末までに離脱できなければ、のたれ死んだ方がましだ」と刺激的な言葉で英政界やＥＵにプレッシャーをかけた。ＥＵがかたくなに拒むバックストップの変更がなければ、「交渉は決裂して、合意なき離脱で双方の経済に混乱や悪影響が及びますよ」という圧力だ。

ジョンソン首相の強硬な姿勢を見て、欧州中の政界や市場関係者が「合意なき離脱」を覚悟し始めていたが、土壇場の10月に入ってにわかに英ＥＵの双方から合意の気運が高まった。そして同17日のＥＵ首脳会議（サミット）当日に劇的な合意にこぎつけた。ジョンソン氏はメイ氏の後継を選ぶ党首選の最中に自身のアピールポイントを「困難な状況で驚くような結果を出すこと」と豪語していたが、この言葉通りの成果に欧州中が驚いた。

ただ中身を精査すればなぜ合意にこぎ着けたのかがよくわかる。新たな北アイルランド議定書は前節で示した２０１８年2月のＥＵの提案に近く、ＥＵがバックストップの修正を受け入れやすかったためだ。それは言い換えれば、グレートブリテン島と北アイルランドを切り離す策だった。

図表2-2 英領北アイルランド国境問題に関する英EUの最終合意

（離脱協定の北アイルランド議定書等より）

【国境や貿易に関する取り決め】

- 南北アイルランド間の移動は自由。物理的な国境（ハードボーダー）の発生は回避
- 英国は北アイルランドとともにEUの関税同盟から離脱。英国は北アとともにEU域外とのFTA発効が可能に
- 工業製品や農産品、食品等に関しては北アのみEU規制を適用。貿易面では事実上、EUの単一市場に残留
- 通関手続きは北アとグレートブリテン島間で実施。グレートブリテン島→北ア間の輸送で衛生検査などが必要に（＝アイリッシュ海に経済上の国境発生）

【議定書を継続または、見直しするためのルール】

- 上記の新ルールを含む北アイルランド議定書は20年末の移行期間終了後、直ちに発効、北アイルランド議会の支持が続く限り恒久的に適用
- 「北ア議会の支持」とは移行期間終了から4年ごとに、同議会で過半数の議員がルール継続に賛成すること。「英国派・アイルランド派がそれぞれ過半数かつ、全体も過半数」の場合や「英国派・アイルランド派それぞれが40％以上賛成かつ、全体で60％以上賛成」の場合は次の8年間、議定書の内容を継続できる
- 北ア議会が議定書の継続を否決した場合には、適用期間終了から2年後に議定書のルールを解除する

アイリッシュ海に事実上の国境

新たに合意した北アイルランド議定書のポイントはこうだ（図表2―2参照）。まず英国は北アイルランドも含めてＥＵの関税同盟からは離脱する。ただし、工業製品や農産食品などの規制に関しては北アイルランドに限ってＥＵルールに従う。いわば北アイルランドがほぼＥＵの単一市場に残ることになる。

そして20年末に英国とＥＵが

FTAを締結できているかどうかに関係なく、移行期間終了後から北アイルランド議会の支持が続く限り恒久的に適用されることも盛り込んだ。

これによりメイ首相案である「バックストップ」は破棄された。EUとのFTA交渉の結果にかかわらず英国はEUの関税同盟から解放され、EU域外の国と自由にFTAや経済協定を結ぶ権利が担保された。ここはもともとのEU案から一歩進んでおり、保守党の強硬離脱派には大きな果実だった。

一方で新合意には北アイルランドがEUの単一市場に事実上残る結果として「南北アイルランド間での通関手続きを回避するため、手続きは北アイルランドとグレートブリテン島間で行う」と記された。これはEUが最初に出した北アイルランドを英本土から切り離す案に近い。実際にこの制度が始まれば、英本土から北アイルランド向けの品物が検査対象になり、いったんEUの関税を徴収されるケースも想定された。実質的にはアイリッシュ海に経済上の国境ができることになり、北アイルランドの経済や市民生活はEUやアイルランドと関係が強くなる可能性が高い。しかもバックストップのように「解決策がみつかるまで」といった期限はなく、北アイルランド議会の支持が続く限り恒久的に適用される。

ジョンソン首相は「トリレンマ」を解決するために、北アイルランドを犠牲にする決断をしたといえるだろう。閣外協力が続いていた地域政党のＤＵＰは即座に「このままでは支持できない」と強く新合意を批判した。

ジョンソン首相はこの後、ＥＵ残留派や再国民投票を求める勢力の抵抗で10月末離脱こそ逃したものの、12月の総選挙でサッチャー政権下の１９８７年以来の大勝を与党・保守党にもたらした。この結果、ＤＵＰとの閣外協力も要らなくなった。ＤＵＰなどユニオニストの反対は消えないままだったが、この新たな北アイルランド議定書とともに離脱協定案が英議会下院で可決され、２０２０年1月末に英国のＥＵ離脱が実現した。

しかし、これで北アイルランド問題の難問が一件落着かというと、全くそうではない。この議定書には将来に禍根を残しかねない重大な火種が埋め込まれているからだ。

4　4年ごとに走る緊張——英から離脱の可能性

北アイルランド政治の混乱は必至

新たな議定書には「北アイルランドの将来の帰属を住民の意思に委ねる」というベルファスト合意の精神に従い、この議定書を続けるかどうか北アイルランドに民主的な同意の機会を与えた。これはジョンソン首相とEUの合意が最終調整されている段階でDUPが「国境問題の解決策は、事前に北アイルランド議会の合意を得ないと発動できない」といったルールにするよう求めたことが背景にある。ジョンソン政権はこれをそのままは受け入れず、代わりに「将来の修正はできる」ようにするために入れたルールだ。

具体的にはEU離脱の移行期間が終わる2020年末から4年ごとに北アイルランド議定書を継続するべきか北アイルランド議会で投票し、過半数が得られればそのまま4年延長するという仕組みだ。ベルファスト合意を機に1998年に設立された同議会では90人の議員

2021年4月7日、ベルファストでの暴動では2階建てバスがハイジャックされ市街地で燃やされた（ロイター／アフロ）

全員が親アイルランド（カトリック系）の「ナショナリスト」か、親英国（プロテスタント系）の「ユニオニスト」か、または「中立」かの立場をとっている。このため「全体の過半数かつ、両派とも過半数」や「全体の60％以上の賛成かつ、両派とも40％以上賛成」といった条件を満たした場合には、次の同意を得る採決の時期は8年後でいいという特別ルールも設けた。だが、現下の情勢を見ると、両派の過半数が仲良く賛成し、8年延長となるのは考えにくい。

むしろ4年に1回、議定書継続を判断するたびに北アイルランドで政局が起き、治安が不安定になるリスクがあると考える方が現実的だ。実際にその兆しはすでに出ている。

路線バスが炎上、紛争再燃の狼煙

北アイルランドでは21年3月中旬以降、中心都市ベルファストやロンドンデリーなどで親英国のユニオニストが警官隊に火焔瓶を投げたり、車両を燃やしたりするなど断続的に暴動を起こしている。4月上旬にはベルファストの居住区を分ける壁越しにユニオニストとナショナリストが火炎瓶を投げ合うなど両者の対立に発展した。市街地では2階建てバスがハイジャックされて燃やされるなど、かつての凄惨な紛争が再発する懸念がくすぶる。幸い死者は報告されず警察を中心に負傷者が出るレベルにとどまっているが、BBCは「ここ数年で最悪の状況」と繰り返し報じた。

21年1月から離脱の移行期間が終わり、グレートブリテン島と切り離される北アイルランド議定書が実際に発効したことで、業者が通関手続きに対応できず物流が混乱して一時期、スーパーから食料品が消えたり、英本土からの通信販売による商品の入手ができなくなる事態が発生した。英本土とのつながりが薄れるのを実感する中でユニオニストの不満は日に日に高まっている。

この件では20年6月のＩＲＡの元重鎮の葬儀に、カトリック系政党でＩＲＡの政治部門だったシン・フェイン党の幹部が多数参列した件も要因の一つになっている。新型コロナウイルスの行動規制下にある中で２０００人の葬儀を開いた行為が違反行為として起訴されなかったため、「北アイルランドの警察当局がナショナリストをひいきしている」とユニオニストの怒りを買った。

バスが燃えた3週間後の4月末に筆者はベルファストを訪れ、ユニオニストから話を聞いたが、彼らのフラストレーションや不安は確かに21年1月の移行期間終了から高まっていた。北アイルランド紛争の時代を含め22年間、英国軍で活動していた親英国派のマーク・トレーシーさん（54）は「このままでは経済や社会は徐々にアイルランドと同化し、やがて南北統一につながる。北アイルランド議定書の撤回が最重要課題だ」と訴えた。

かつて親英国派の武装組織に属していた男性（56）は「紛争のとき、過激派のアイルランド共和軍（ＩＲＡ）は罪のない私の親類や友人を何人も殺した。アイルランドの統一は彼らが勝利する胸くそ悪い話だ」と筆者に怒りをぶつけた。さらに「私は若者にも、『このままでは親アイルランドに有利な社会になる。行動を起こすべき時だ』と諭している」と打ち明けた。実際に最近の暴動では過去の紛争を知らないはずの若い世代の姿も目立つ。

ユニオニストにとってEU離脱でジョンソン政権に裏切られたのは大きな誤算だった。ユニオニストはEU離脱によりEU加盟国アイルランドと距離を置くことができ、北アイルランドへの影響力を減らせると考えていた。しかもジョンソン氏はグレートブリテン島との間に国境機能を置かないことも繰り返し示唆していた。

だが実際の英EUの合意ではむしろその逆になり、地域が今まで以上にアイルランドと結びつく結果になった。ベルファストのユニオニストの居住区にはジョンソン首相らを「裏切り者」とか「市民の話を聞かないヤツ」などと批判する横断幕が掲げられている。

こうした状況に、ジョンソン政権は21年7月、自分で合意した議定書について「持続不可能だ」と訴え始めた。具体的にはEUに対し、グレートブリテン島から北アイルランドにとどまる商品については、通関手続きを全面的に廃止するなどの議定書の修正を求めた。アイリッシュ海の事実上の国境の摩擦を少しでも減らすのが目的だ。強硬なユニオニストが議定書そのものの撤回を求める声に応える動きだ。

では4年後に北アイルランド議会がこの議定書を否決すれば問題が解決するかというと、そういうわけでもない。その場合、「否決から2年後に議定書のルールが失効する」との規定になっているが、その2年以内にアイルランド島にハードボーダーを復活させるのか、新たな回避策を考えるのか。英国とEUがまた振り出しに戻って北アイルランド問題を議論しなければならなくなるのだ。

北アイルランド議会での最初の議定書の更新の採決は2024年末。その基礎となる各派の議席構成を決めるのは22年5月までにある北アイルランド議会選だ。今はユニオニストとナショナリストがほぼ同数で拮抗する。次の地方議会選で地域に緊張が走らないかどうか。ナショナリストからは「北アイルランド議定書は英政府がEUとサインした。たとえユニオニストが紛争を企てても、かつてのように英政府や英軍は支援に回らない。彼らは蜂起もできないはずだ」との声もある。だが、不安は募る。

IRAの政治組織がアイルランドで躍進

ではナショナリストが望む南北統一が実現する可能性はあるのか？ ここ1～2年で住民

投票実施の気運が盛り上がる可能性は低いが、中長期的には十分織り込んでおくべきシナリオ――というのが、筆者の見解だ。そもそも北アイルランドは16年の国民投票で55・8％がEU残留に投票しており、スコットランドほどではないにせよ、親EUの住民が多い地域だ。そのうえ前述のように、新たな北アイルランド議定書が北アイルランドを英本土から引き離し、経済的にも社会的にも南のアイルランドに引き寄せるモメンタムを内在している。

最近の政治情勢も統一論がじわりと進む方向になっている。隣国アイルランドでは20年2月の総選挙で南北統一を強く訴えるシン・フェイン党が第2党に躍進し23％の議席を得た。中高年の方でアイルランドに詳しい読者はシン・フェイン党といえば「テロを繰り返したIRAの政治団体」といったイメージをお持ちかもしれない。

だが今のシン・フェイン党は格差是正や所得再分配を訴える左派的政策で若者の支持を急速に拡大している。12・5％という低い法人税率を武器に米大手ITや製薬大手を首都ダブリンに誘致して高い経済成長を得たアイルランドだが、その影で首都ダブリンの家賃の高騰や所得格差の拡大が進み市民の不満がくすぶる。そこにシン・フェイン党の政策がぴたりとはまっているのだ。

一方でアイルランド統一という強い意志は変わっておらず、早期の住民投票の実施と南北統一を掲げている。シン・フェイン党は選挙公約で「Brexitによる経済、社会の有害な影響を考えれば、南北アイルランドが統一されEUに残るのが魅力的になる」と北アイルランドの親EU派の巻き込みも狙ったメッセージを打ち出した。

アイルランド系移民の子孫であるバイデン大統領が誕生したのを受け、シン・フェイン党の米国拠点では3月にニューヨーク・タイムズやワシントンポストなどに「統一アイルランドへの発言権を持たせよう」との広告も出した。米国市民から早期の住民投票実施に向けた援護射撃をもらうのが目的だ。2025年の次の総選挙で、今は野党のシン・フェイン党がさらに勢力を伸ばし第1党となれば、アイルランド国内で南北統一を問う住民投票の機運が高まる展開はあり得る。

北アイルランドでも、「英国派」がじわり退潮

一方北アイルランドでも、2019年の総選挙での「ジョンソン保守党」の大勝の裏で歴史的な地殻変動が起きていた。英総選挙の北アイルランドの選挙区での結果を示した図表2

図表2-3　英国派がじわり退潮を続ける
（北アイルランドでの英総選挙の獲得議席数）

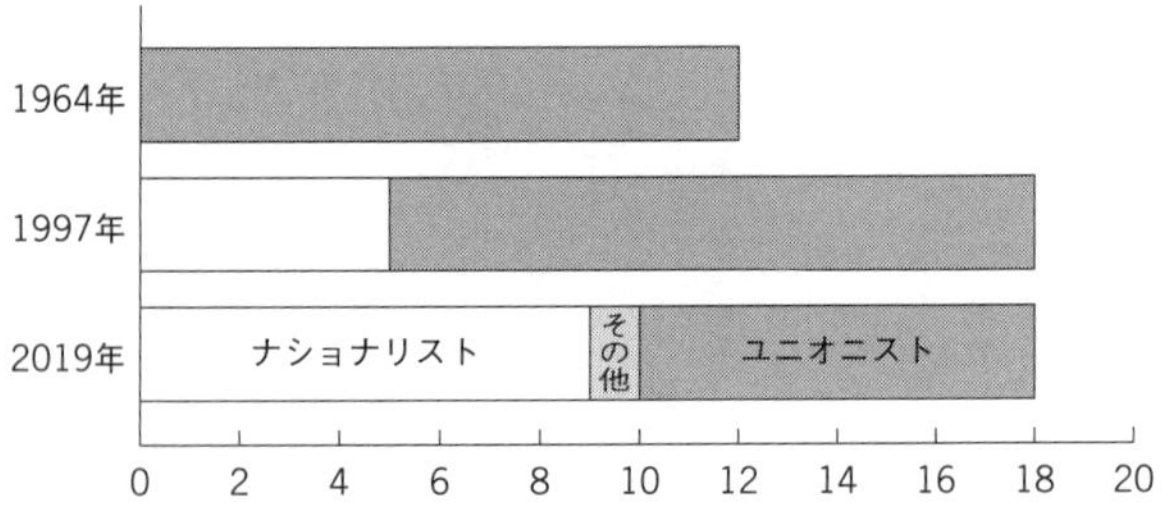

（出所）政治専門サイトPolitico、英BBC

―3を見ていただきたい。

北アイルランド紛争が本格化する直前の１９６４年の総選挙では「英国派」のプロテスタント系住民を中心とするユニオニスト政党が北アイルランド選挙区の下院の全議席を独占していた。親アイルランドでカトリック系住民を中心とするナショナリストは議席がゼロなだけでなく、得票率でも16％にとどまっていた。

それがベルファスト合意直前の１９９７年にはナショナリスト政党が全18議席中5議席を獲得し、得票率も40％に達した。その後、ナショナリスト政党が徐々に勢力を伸ばしていくが、苦戦を強いられた場合でも英国派のユニオニスト政党は常に半数の9議席以上を保っていた。

ところが２０１９年の総選挙ではユニオニスト政党

が半分未満の8議席に終わり、ナショナリスト政党が半数の9議席を獲得した。親アイルランド派が半数を握るのは英国史上初めての事態だ。背景には両派の人口動態がある。１００年前の北アイルランド樹立以降、カトリック系が迫害されるなどプロテスタント系優位の同地域だったが、徐々に両派の人口は接近。北アイルランドの和平プロセスの監視や研究を専門とするポール・ノーラン氏によると、11年時点ではプロテスタントとカトリックは48％対45％までその差が接近し、21年に逆転する可能性があるという。

しかも両派の中身を詳しく見ていくと双方とも先鋭化が進んでいることがわかる。１９９７年時点ではユニオニスト政党の中心はアルスター統一党という中道右派政党で、ナショナリスト側の主力は中道左派の社会民主労働党でともに穏健派だった。ベルファスト合意は穏健派の両党の連立政権によって生まれたという歴史もある。ところが現在は最も強硬なユニオニスト党のＤＵＰと、同じく強硬なナショナリストのシン・フェイン党が両派を先導する。両派の主力政党が極端化し、その中でカトリック人口が逆転するという危険な転機を迎えている。

新しい動きもある。筆者は２０１９年12月の総選挙で、北アイルランド同盟党のナオミ・

ロング党首の協力を得て、選挙活動に同行させてもらった。同党は英国統治の強化もアイルランド統一も、両方とも支持せず、地域の安定の希求を党是とする「中立派」だ。

英国の選挙活動は日本のように街頭演説はほとんどなく、ミニ集会やチラシを携えて戸別訪問を重ねる。印象に残ったのは「もう対立にはうんざりだ。今まで英国派（または、アイルランド派）だったけど、今回はあんたの党に入れるよ」とドア口で語った有権者の言葉だ。ベルファストのざっと30軒中、5、6軒はあった記憶がある。実際に獲得議席は1つにとどまったが、北アイルランドでの得票率は前回17年の選挙の8%から17%まで倍増させた。市民の間に長年の「Troubles」に伴う住民対立への厭戦感が生まれている新しい現象かもしれない。ただ、それがなお続く両派の摩擦を抑え込むほどまでに育つかは見通せない。

2021年4月にBBCが北アイルランドの樹立から100年を機に、住民に世論調査をしたところ、25年後には北アイルランドは英国を去っているとの回答が51%と過半数を超えた。仮に「きょう住民投票があったとしたら」、43%の人が「英国を離脱し、アイルランドと統一」に投票するとしている。

実際に住民投票になればプロテスタンドかカトリックかという市民のルーツや、EU離脱に対するイデオロギーだけでモノが決まるわけではない。たとえば無料の国民医療制度（NHS）を受けられる英国を抜け、一定の自己負担が発生するアイルランドに本当に移るのか？ など生活に密着した課題が住民投票の結果を分ける可能性はもちろんある。

ただ政治情勢や世論調査を見れば、北アイルランドの英国離脱はそんなに現実離れした話ではないことだけは間違いない。まず22年までにある北アイルランド議会選と25年までにあるアイルランドの次期総選挙が北アイルランドの未来の方向性を占う重要な試金石になる。

インタビュー② アイルランド外相 サイモン・コーブニー氏

「南北統一住民投票、日付を言うべきときではない。和平の維持優先」

――2020年末の移行期間が終わり、英国とEU間の北アイルランド議定書を巡る対立が懸念事項です。

「確かに両者にある程度の摩擦はあるが、『対立』というのは間違った言葉だ。両者が努力

Simon Coveney　1972年6月生まれ。
1998年アイルランド議会下院初当選。欧州議員などを経て、2017年から現職で、英国のEU離脱問題も担当。21年現在、与党・統一アイルランド党の副党首も務める。

し、北アイルランド議定書が正常に機能すれば、（紛争再燃につながりかねない）アイルランド島でのハードボーダーを防ぐことができ、南北アイルランドが同じＥＵの単一市場に事実上残ることができる。そして北アイルランドはグレートブリテン島と取引を続け、英国が今後発効させるＥＵ域外との自由貿易協定の恩恵も受けつつ、ＥＵともシームレスな貿易ができる。英国、ＥＵの双方とつながった両方の長所を持つ地となる」

——北アイルランド議定書の内容がベルファスト合意に悪影響を与え、北アイルランドの治安を悪くするという見方もあります。

「英国統治を望むユニオニストは、議定書が彼らのアイデンティティーを弱体化させると信じており、強く反対しているのは確かだ。北アイルランドが２０２１年１月以降、ＥＵの単一市場に残ったのも事実で、そこに間違いなく緊張が生まれている。これは Brexit ポリシーの結果であり、関係者は議定書が持つ意味合いに正直でなくてはならない」
「ただ議定書は Brexit 後に、可能な限りアイルランド島に混乱を起こさないための努力だ。議定書を安定して実行するために、関係者が柔軟性を持ち、可能な限り政治的支持を得ようとすることが重要だ」

――南北アイルランドでは Brexit を契機に政治情勢が激変しています。南北統一に関する住民投票は近く実施されると思いますか。

「投票時期は主に英国政府が検討する必要があるものだ。彼らが過半数の賛成があると信じれば、住民投票実施の選択を採るだろう。ただ現在のアイルランド政府のアプローチは Brexit でアイルランド島に新たな緊張がもたらされた中で、ベルファスト合意の和平を機能させることを優先している。アイルランド再統一の検討は分裂や恨み、緊張をもたらすものではなく、サクセスストーリーにしなくてはならない。私たちは、『自分たちは英国人だ』と思っている人が100万人いる状態で北アイルランドの人々を受け入れることはできない。だから、アイルランド島の再統一の住民投票の日付を入れることは、いますべきことではない。まずは南北やユニオニストとナショナリスト間の関係を再構築し、統一を巡る重要な選択について寛大で正直な議論ができるよう試みることが大事だ」（2021年3月下旬取材）

第 3 章

完全離脱1年目の「通信簿」

英人気ミュージシャンのエルトン・ジョン氏は英政府のBrexit政策を批判するが、その理由とは？（ロイター／アフロ）

1　関税ゼロは維持だが激変する英ＥＵ関係

「運命の主導権を取り戻した」

「みなさんにささやかなプレゼントがある。ＥＵとの合意だ。これはすべての企業、旅行者、投資家に確実性をもたらす」。欧州全体が新型コロナウイルスの第2波に苦しんでいた２０２０年12月24日、ジョンソン首相はクリスマスツリーの前で１２００ページの文書の束を抱えながら国民に訴えた。この日、英国とＥＵの自由貿易協定（ＦＴＡ）を中核とする将来関係交渉が合意に至った。合意後すぐに記者会見に応じたジョンソン首相は高揚感を隠さぬまま「私たちの法律と運命の主導権を取り戻した」と豪語した。

両者が合意した協定の正式名称は The EU-UK Trade and Cooperation Agreement（ＴＣＡ）。「英ＥＵ通商・協力協定」と訳されることもある。ＥＵを完全に離脱する２０２１年以降の英国とＥＵの新たな関税ルールなど通商分野を中心に、公正な競争条件や投資ルール、漁業、デジタルルールに至るまで幅広い分野で英国とＥＵの関係を規定したのがこの協定だ。

16年の国民投票以降の4年半に及ぶ交渉は、20年1月末までの離脱の基本ルールや前述の北アイルランド国境問題の解決策を決める「離脱協定」の交渉と、20年1月末のＥＵ離脱後から始まった英ＥＵの「ＴＣＡ交渉」の２つの山があった。20年2月～12月末までの11カ月間は激変緩和のための移行期間で、関税ゼロの貿易や人・モノの自由移動など経済関係はほぼ変化がなかった。この移行期間中にＴＣＡで合意できなければ21年の年明けに関税が急に発生し、英ＥＵ間で何の取り決めもない「合意なき離脱」に陥る可能性があった。移行期間ギリギリの合意に英ポンドも対円で3カ月半ぶりの高値をつけるなど、市場関係者はほっと安堵した。

その後、英議会は年末までにこの協定をスピード批准。欧州議会は年末までの批准は時間がなさ過ぎるため、21年1月1日の「暫定発効」を認め、4月27日に正式にＴＣＡを批准した。この章ではこのＴＣＡを中心に、完全離脱してからおよそ半年間の英国経済への影響を評価し、現時点でのブレグジットのメリットとデメリットを棚卸ししてみたいと思う。

「非関税障壁なし」の首相発言に異議

EU離脱前と後で何が変わったかを確かめるために、まずは他国との関係から整理したい。図表3－1を見ていただきたい。

大ざっぱに言えばEU離脱前、英国は他の加盟27カ国とヒトとモノの自由移動が確保されていた。貿易では原則、原産地に関係なくあらゆる品物が関税ゼロ・通関手続きなしで国境を行き来していた。英国は国境検査なしでのヒトの国境の行き来を認める「シェンゲン協定」に加入していなかったので、越境時にパスポートチェックなどは必要になるものの、英国とEU加盟国間で移動や移住、就労に関する制限はなかった。また日本や韓国などEUが経済連携協定（EPA）を結んでいる国とは英国もEUの一員として無条件に無関税貿易などの恩恵を受けていた。

これがEU離脱後にどうなったかを示したのが下の図だ。まずはEUも日本も韓国も第三国になるので、それぞれ移行期間中にFTAを結び直さないと無関税での貿易などが維持できない状態になった。つまり今までFTAがなかった米国や豪州など完全な第三国と同じ状

図表3-1　EU離脱前と後の英国の他国との通商関係

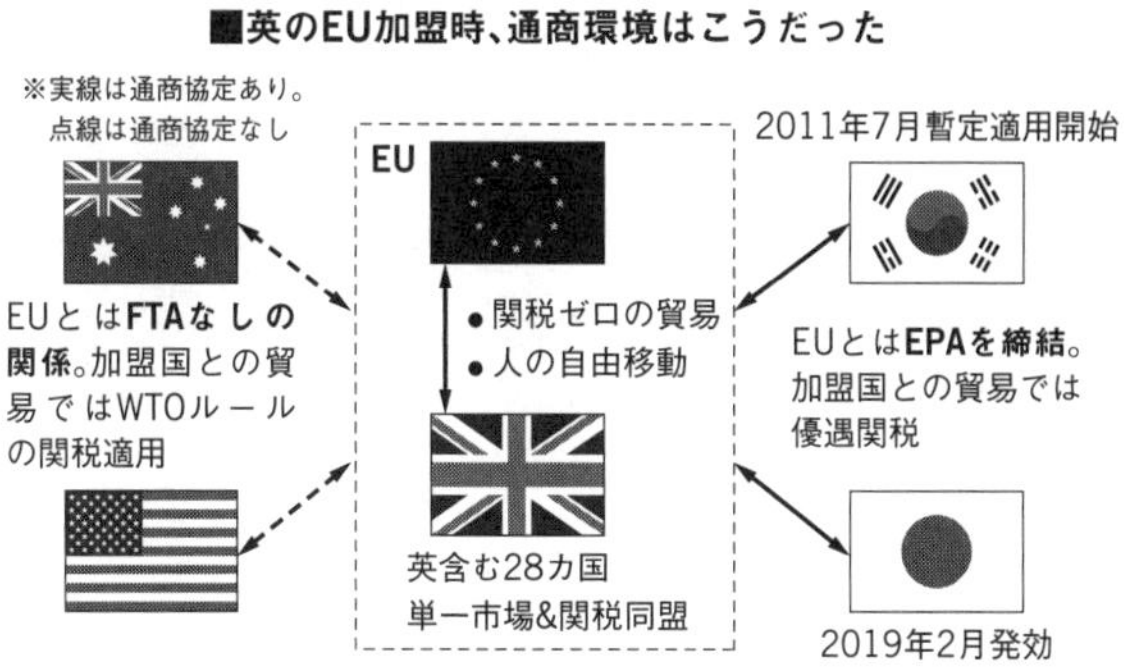
■英のEU加盟時、通商環境はこうだった
※実線は通商協定あり。
点線は通商協定なし
EU
●関税ゼロの貿易
●人の自由移動
英含む28カ国
単一市場&関税同盟
EUとはFTAなしの関係。加盟国との貿易ではWTOルールの関税適用
2011年7月暫定適用開始
EUとはEPAを締結。加盟国との貿易では優遇関税
2019年2月発効

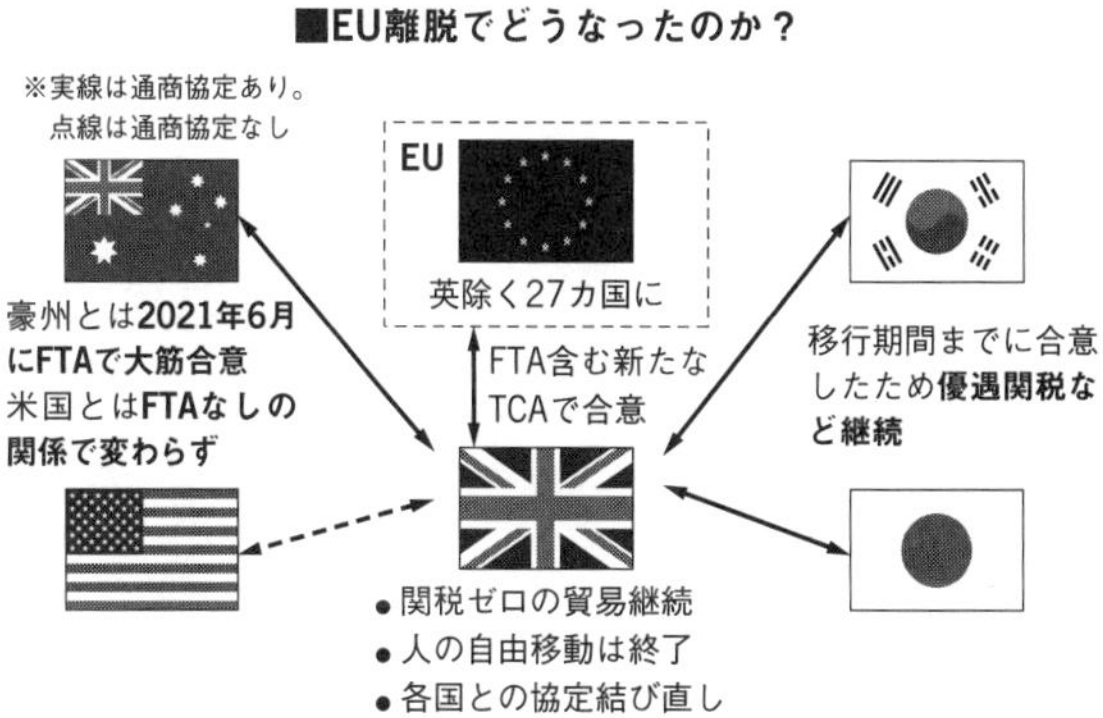
■EU離脱でどうなったのか？
※実線は通商協定あり。
点線は通商協定なし
EU
英除く27カ国に
FTA含む新たなTCAで合意
豪州とは2021年6月にFTAで大筋合意
米国とはFTAなしの関係で変わらず
移行期間までに合意したため優遇関税など継続
●関税ゼロの貿易継続
●人の自由移動は終了
●各国との協定結び直し

態に陥る可能性があった。幸い英国は移行期間中に韓国や日本（2021年10月23日署名）とはそれまでの通商条件をおおむね引き継ぐ新たなEPAを結び、EUとも土壇場でTCAを結んだため「通商協定の効果が切れる」という最悪の事態は免れた。

ただ英国は高度に統合されたEU市場から抜け出たため、英・EUの経済関係は加盟時と比べると大きく遠ざかった。TCAでは優遇関税で輸出入できる商品の数量を絞り込む「関税割当枠」も設けなかった。このため条件を満たす英EU間の全品目・全数量で関税ゼロが維持されることにはなった。「全品目無関税」というのは他のFTAと比べればめったにない画期的な内容ではあるものの、EU加盟時にも担保されていたため現状維持ともいえる結果だ。

一方でEU加盟時と異なるのは、無関税の対象となる品目の原産地が限定されることだ。後述するが、電気自動車（EV）やハイブリッド車（HV）などは6年間の緩和措置の対象となったものの、多くの品物では英EU以外の原材料比率が45％を超えると無関税の対象から外れる。このため日本や中国から輸入した原材料をあまり加工せずにEUに輸出する場合は今まで無関税だったが、新たに関税の対象になった。

しかも英ＥＵ間の貿易はＦＴＡの関係になるので、通常のＦＴＡと同様に優遇関税を受けるための原産地の証明書の提出が必要になる。生鮮食品や製品が安全や衛生の基準を満たしているかどうかといった検査や通関作業も新たに追加される。企業にとってはＴＣＡを結んでもＥＵとの貿易で手間やコストが増える。

英経済界では原産地規則に関するコストは売上高の１割程度に達するといわれている。輸出に10％の関税が新たにかかるのと変わらない。またサセックス大学の研究によると、完全離脱直後の21年１～３月の３カ月間でＥＵへの英国製品の輸出の10％にあたる最大35億ポンド分に関税が課されたとみられることがわかった。クラシックカーの部品が金銭評価できなかったなど、原産地規則をクリアできずＥＵ側で関税を課されるケースが多かったようだ。

ジョンソン首相はＥＵとの合意後の記者会見で「（21年）１月１日からも関税はゼロで、非関税障壁もない」と語った。だが、後に事実に反すると批判を受けることになった。

サービス分野では遠い関係に

ジョンソン首相の前任だったメイ氏は英ＥＵのＴＣＡについて、合意の数日後に「我々は

ＥＵに利益をもたらすであろうモノの貿易協定の合意は得たが、英国に利益をもたらすサービス分野の合意は得ていない」と指摘した。加えてＥＵがもつ「シェンゲン情報システム」へのアクセスの喪失を嘆いた。メイ氏の言葉を追いながら、ＥＵとの合意で英国が得られなかったものを確認しておこう。

代表的な分野が英国の強みである金融分野だ。英国は離脱により、ＥＵ加盟国向けの金融サービスが自由に展開できなくなった。ＥＵ加盟国ならどこでも金融業務を営める「単一パスポート制度」を外れたためだ。ただここまでは既定路線で、金融各社はパリや独フランクフルトに新たな対ＥＵサービス拠点を置くなど事業継続の準備は前もってしてきた。

当初の想定より滞っているのが離脱後の英ＥＵ間の協力だ。当初は金融規制の水準が同じレベルにあることを確認する「同等性基準」を英・ＥＵが認めあうことで、多くの分野で相互にサービスを維持できるようになるとの予測もあった。だが、ＥＵ側は２０２１年７月現在でも同等性の承認を出していない。すでにユーロ建ての株式取引が欧州に移るなど、一部の業務でロンドンからの流出が起きており、「協力」よりも金融街ロンドンの様々な分野のシェアを少しでも奪おうというＥＵの「競争意識」がにじんでいる。金融分野に関する詳細

図表3-2 英国とEUの関係はこんなに変わった

<table>
<tr><td rowspan="4">通商</td><td>英はEUの単一市場・関税同盟から離脱</td></tr>
<tr><td>FTAで関税ゼロ・割当枠（クオータ）なしの関税ゼロ維持。英・EU産以外の原材料比率が高い製品は無関税の対象外に</td></tr>
<tr><td>動植物の検疫や食品の衛生検査、原産地の証明、通関申告等が新たに必要に</td></tr>
<tr><td>製品基準も英・EUで別々に。許認可など煩雑に</td></tr>
<tr><td rowspan="4">ヒトの移動</td><td>英EU間の自由な移動は終了、居住や就労などはビザが必要に</td></tr>
<tr><td>ビザ不要の短期滞在は英市民は180日間で90日まで。EU市民は6カ月まで</td></tr>
<tr><td>英国は収入・技能に基づく新移民システムを導入</td></tr>
<tr><td>旅行者の免税ショッピングが復活</td></tr>
<tr><td>司法</td><td>英は欧州司法裁判所（ECJ）の管轄外に</td></tr>
<tr><td>金融</td><td>英はEU共通の免許の枠組み「単一パスポート」から離脱。規制や監督は別々に。EUが英の金融制度に「同等性」を与えれば、英金融機関がEUで活動しやすくなるが2021年7月現在、未授与</td></tr>
<tr><td rowspan="2">資格・免許</td><td>弁護士、会計士などの資格の相互認証せず</td></tr>
<tr><td>英市民はEU内での自動車運転で国により国際免許必要に</td></tr>
<tr><td>ペット</td><td>英EU間の移動は事前の検疫や申告などが必要に</td></tr>
<tr><td>携帯電話</td><td>英はEUローミング規制の対象外に。一部の英携帯大手は独自サービスで無料ローミング維持</td></tr>
<tr><td>治安協力</td><td>英は欧州刑事警察機構（ユーロポール）やシェンゲン情報システムなどが持つデータベースへの自由な即時アクセスを失う</td></tr>
<tr><td>データ</td><td>英はEUの一般データ保護規則（GDPR）の枠組みを外れる。EUが2021年6月に英にデータ保護の十分性認定を与え、個人データのやりとりは当面、従来通り可能に</td></tr>
<tr><td>教育</td><td>英はEUの交換留学プログラム「エラスムス」から除外</td></tr>
<tr><td>漁業</td><td>英は自国海域での漁業権を段階的に回復。英・EU間で5年半の激変緩和期間設定。その後は総漁獲量など毎年交渉</td></tr>
<tr><td>北アイルランド</td><td>EUの単一市場に事実上残り、グレートブリテン島からのモノの入荷の多くで通関が必要に</td></tr>
</table>

は第4章でも触れることにする。

このほか、医師やエンジニアなどの専門資格の自動的な認証もなくなり、多くのいわゆる「サムライ業」がEUでの業務資格の取り直しが必要になった。

テロや組織犯罪対策では欧州刑事警察機構（ユーロポール）との情報協力や、犯罪者のDNA、旅客名簿の情報共有などがTCAに盛り込まれた。一方でいままで即時閲覧ができていた欧州域内の人の移動などを記録した「シェンゲン情報システム」などへのアクセス権を失った。同システムには顔画像などの身体的特徴から武装のリスクの有無、可能性のある偽名など犯罪捜査に役立つ細かい情報が登録されている。

先述のように英国は「シェンゲン協定」からは外れていたがこの情報システムには加入していた。英紙ガーディアンによると、英国は、警察や国境警備隊が2019年にデータを約5億7千万回検索するなど、欧州でも使用頻度が高いヘビーユーザーだった。このデータベースのアクセスを失うことが英警察当局の捜査能力の低下につながるとの懸念の声は強い。

本節の総括として英EUで結んだ離脱協定やTCAの概要をまとめたのが図表3－2だ。

ここまで指摘してきたこと以外にも漁業やヒトの移動などで大きな変化があったのだが、これらについては次節で現場の生の声も紹介しながら解説していく。

2 「勝ち組」のはずが、裏切られた漁業

英国が大きく妥協した漁業の交渉

「我々は自国の海域を完全に管理する沿岸国になる」。ジョンソン首相は20年12月24日のEUとのTCA合意を発表する記者会見でこう胸を張った。漁業は英国・EU双方とも国内総生産（GDP）の1％未満にも満たない産業だが、英国やEUの沿岸国にとって漁業界の政治的影響力は大きい。12月24日のギリギリまで折衝が続いたTCA交渉の最大の難所となった。特にEU側では22年に大統領選を抱えるフランスのマクロン大統領の姿勢が頑なだった。そうした中で得られた英EUの合意を自賛したジョンソン首相だったが、交渉決裂を避けるために大きく妥協したのが実態だ。

英国がＥＵにいる間は、ＥＵの共通漁業政策の下で、加盟国の漁船が一定の漁獲割り当ての範囲内で自由に英国の海域を操業できた。これに対し、英政府はＥＵを離脱すればＥＵの漁獲割り当てを大幅に減らすことができ、他国漁船の英海域での操業の可否を自ら決められるようになるなど「海域の主権を回復できる」と訴えてきた。２０１６年の国民投票でも、実入りが増えると期待した漁業や水産関係者はＥＵ離脱の強い支持層を形成した。

だが20年1月末のＥＵ離脱後から始まったＴＣＡ交渉では、フランスをはじめとする沿岸国が今までに近い量の漁獲割り当てや、漁業環境を維持するための長期の移行期間を主張した。一方の英国も譲らなかった。「ＧＤＰ1％未満の産業」での交渉の不調が、経済全体に関わるＦＴＡ交渉を破談に追い込むともささやかれ続けた。

両者の交渉の最初の立ち位置では英国は80％（金額ベース）の漁獲割り当てを手放すようＥＵに求めていた。一方のＥＵは現状の条件が継続する「激変緩和期間」を10年超とするよう求めていた。遠く離れた両者がようやく折り合った合意では①ＥＵの漁獲量の割り当てを25％減らし、英側に渡す②5年半にわたり両者の漁船は互いの海域で操業し、ＥＵの漁獲量の割り当ても徐々に減らすという「激変緩和期間」を設ける――ことで折り合った。80％の当初要求を25%にまで落とした最終合意の内容はジョンソン氏が言う「独立した沿岸国」からはほど遠い。漁業団体からはこの時点で「ひどく失望した」との声があがった。

「勝ち組」になるはずが……

ただ水産業者にとっての本当の悲劇は20年末の完全離脱後に起きた。食品衛生上の検査や英仏海峡のドーバー港に入るための登録など新たな手続きがのしかかり、漁業の命である鮮度が落ちる影響を受けて、輸出が激減する事態に見舞われたのだ。

たとえば、漁師から水産物を仕入れてEUに輸出する一般的な業者の場合、EU完全離脱の前はフランスやスペインに出荷する際、数枚の書類や請求書があればOKだった。顧客に「港から食卓まで24時間でお届けします」とPRしている業者もあった。

だが完全離脱後は1台のトラックにつき、魚の種類を示した書類や原産地の証明など数十枚の書類が必要になった。さらに食品の衛生検査や税関手続きなども加わり、ほぼ24時間余計に時間がかかるようになった。

こうした事務や手続きのために新たに従業員を雇うなどコストは年間で1業者あたり数万

ポンド上昇し、一方で「鮮度が落ちるなら」とEU側の顧客を失うケースも多発している。

貝類ではEUルールへの新たな対応が障壁になっている。これまでムール貝などの生きた二枚貝はそのままEUに輸出できたが、1月から浄化作業が必要になった。浄化には新たな設備投資が必要だが、中小企業には重荷だ。英西部ウェールズの水産業者ディープドックのジェームス・ウィルソン氏は完全離脱から3カ月時点でも状況が改善せず、「収入がない。状況が変わらなければ事業をたたむか、大幅に再編するしかない」と日本経済新聞の取材に絶望気味に語った。同社では例年1～3月に毎週約100トンの生きたムール貝をEUに輸出してきた。だが輸出ルールが厳格化し、完全離脱後の最初の3カ月のEU輸出はほぼゼロに終わった。同業他社では対策や広報が不十分だったとして、英政府に法的措置を検討する企業もあった。

英食品・飲料連盟によると、1～3月のEUへの魚介類の輸出は4400万ポンド（約66億円）で新型コロナの影響がなかった2019年に比べて半減した。「勝ち組」になり得るはずの水産業が深刻な打撃を受け、水産関係者からは「ジョンソン政権に裏切られた」との恨み節が広がった。

こうした通関や製品の検査など、新たな手続きの発生による打撃は水産業でなくても起きている。英国内のあるチーズ業者は30ポンドの詰め合わせを1箱輸出するのに、180ポンドの追加コストが必要になった。この業者が政府に相談すると「EU域内に拠点を設けるしかない」との回答が返ってきた。政府も一部の業界団体も企業の生き残りのためにEUへの流出を黙認せざるを得ないというやや滑稽な状況になっている。

こうしたTCA導入後の打撃は新たなコストを吸収できる大企業と、企業体力の弱い中小企業の間で大きな差が出ているようだ。デロイトが21年3月に大手企業の最高財務責任者（CFO）100人に実施した調査では10％が「大規模な混乱に見舞われた」と回答したが、「今後1年間、同じ混乱が続く」との回答は3％にとどまった。一方で、中小企業も交えた英商工会議所の調査では2900の輸出企業のうち41％が2021年1～3月期で海外売上が落ちたと回答した。商工会議所は英政府とEUに「非関税障壁を下げる新たな交渉に取り組んで欲しい」と要請しているという。政府は21年の前半に中小企業向けに2000万ポンド（約30億円）規模の支援金を投じたが、それではやっていけないというのが経済界の主張だ。

3　エルトン・ジョン、スティングが決起

単純労働者の受け入れを事実上拒否

ＥＵに加盟している間は加盟国の市民が域内で自由に移動でき、就労や移住が可能だった。第６章でみていくが、これにより東欧の加盟国から移民が英国に大量に流入し、国民がＥＵ離脱を支持するきっかけとなった。２０２１年１月以降はＥＵ完全離脱によりこの人の移動のルールが大きく変わった。

英政府は21年1月から就労目的の外国人の能力を点数で評価し、一定の得点のある外国人だけを受け入れる「ポイント制」を導入した。これによりＥＵ域内と域外の外国人の区別はなくなった。この新ルールの狙いは一言でいえば「英国民の雇用を奪う可能性のある単純労働者の流入を減らす」という点にある。

ポイント制の詳細を示したのが図表３－３だ。英国での就労希望者は合計で70ポイントを

図表3-3　英国の移民受け入れのための新たなポイント制度（2021年1月〜）

○英国で就労ビザを取得するために以下の要件から合計70ポイントが必要
○新たに入国するEU市民とそれ以外の外国人の区別は撤廃

ポイント

必須要件	雇用契約の内定を得ている	20
	適切な技能レベルの職業である	20
	英語能力	10
年収（基本給）	20,480〜23,039ポンド	0
	23,040〜25,559ポンド	10
	25,600ポンド以上	20
教育	職業に関する理数系以外の博士号	10
	職業に関する理数系の博士号	20
需給要件	移民諮問委員会の不足職業リストにある職業	20

（注）必須要件の3項目・50ポイントは必ず満たす必要がある。年収要件を教育や需給要件で代替することが可能
（出所）ジェトロ資料

取得する必要がある。「英語が話せる」「雇用契約の内定を得ている」といった必須要件部分で50ポイントがもらえるが、あと20ポイント稼ぐには原則、2万5600ポンド（約384万円）以上の年収が必要になる。おおざっぱにいうと中間所得層以上でないと英国に移住して働くことはできない仕組みだ。プリティ・パテル内相はこの制度を「最も聡明で最良な人材に英国に来てもらえる制度」と自賛した。

ただ英国民の批判の的になってきた移民の多くは建設や農業、介護など英国民が敬遠しがちで、低所得の産業で働いてきた。経済界からは「単純労働を担う移民の締め出しは人手が必要な産業を困難に陥れる」との批判が出ていた。その予言は1年早く、2020年の初夏に新型コロナウイルスの感染拡大で的中した。

英国の農家は最近まで東欧からの7～8万人の一時的な出稼ぎに頼って農作物を収穫し、食品加工まで担わせてきた。だが新型コロナの影響でルーマニアなど東欧の多くの国で、国外への交通機関が制限されたため労働者を例年通り確保するメドが立たなくなったのだ。英農業企業の「ジーズ・フレッシュ」は東欧からの労働力の確保のためにチャーター機まで手配した。英政府は「英国のために収穫しよう」などというキャンペーンを掲げ、新型コロナの都市封鎖（ロックダウン）の影響で職を失った若者などを急いでかき集めたが、未経験者への研修や感染予防策などで人件費が例年に比べ1割以上増える農家が相次いだ。

21年3月に新型コロナに感染し死線を彷徨ったジョンソン首相を助けた看護師2人のうちの1人もポルトガル出身だ。移民排除の Brexit を進めた首相が、移民の看護師に助けられるというのはブラックジョークに近いのだが、ともかく労働集約型の産業が「ポイント制」

の下で安定した労働力を確保できるかは見通せない。

20年1月に発効した離脱協定では、20年末の移行期間終了時点で英国に居住しているEU市民には同期間の終了後もそれ以前と同じ権利を与えることを規定した。だが単純労働者の締め出しによって醸し出される移民へのネガティブな雰囲気は、今まで通り英国に残ろうとするEU市民にも不安を与える。

在英EU市民の権利が守られているか監視する独立監視機関の21年5月発表の調査によると、4人に1人の市民が「英市民と同等に扱われていない」と回答した。「英政府が在英のEU市民を『二流市民』とみなすのではないかと心配している」との回答もあった。

在英EU市民の支援団体「ザ・スリーミリオン」の幹部を務めるドイツ出身のマイカ・ボーンさんは「首相や大臣が移民を国の重荷のように否定的に扱うのは、非常に不愉快だ。今後、経済が不振に陥ったときなどに英国民から差別の標的に簡単になり得る。とても心配している」と話す。移民政策の急変が社会に無用なあつれきを生み出さないかどうか不安定な状況だ。

ミュージシャンが悲鳴

エルトン・ジョン、元オアシスのリアム・ギャラガー、クイーンのブライアン・メイ、そしてスティング……。UKロック好きであれば絶対知っている超有名アーティストら100人が署名した書簡が2021年1月下旬、突然、英高級紙の最大手タイムズに掲載され、英国民を驚かせた。書簡は「ミュージシャンの自由な移動に大きな穴があいた。ヨーロッパでのツアーを組むためには訪問する多くの国で高額な労働許可と設備の書類の山が必要になった」とBrexitによって起きた窮状を訴えた。

まず新たな壁となっているのが、ミュージシャンやバックバンドなどの「ヒトの移動」だ。21年1月以降、英国から見てEUは名実ともに外国となったため、渡航目的や職種、渡航期間によっては新たに査証（ビザ）が必要になった。特に就労する場合には英・EUどちらの市民も相手先で働くためにビザは欠かせない。

ただ出張や周遊などの短期滞在では明暗が分かれた。旅行の場合、英国民がEU加盟国に滞在できるのは180日間の期間内で最大90日間までというルールになった。このルールはビジネスマンにも適用される。逆に言えば英国とEU域内を飛び回るビジネスマンや、EU域内に別荘を持つラグジュアリー層でも、90日までの滞在であればビザや労働許可証は要らない。ところがこのビザの免除の規定の対象に入らなかった職業がある。それが歌手や音楽家、バレエダンサーなどのパフォーマーやサッカー選手だ。

この結果、英国のパフォーマーがビザや労働許可証なしで入れるかどうか国ごとにわかれることになった。21年8月、デジタル・文化・メディア・スポーツ省はドイツやフランス、イタリアなど19カ国ではビザや労働許可なしでツアーができると発表した。ただ、約3分の1の加盟国は未解決のままだ。スペインやポルトガルなど英アーティストがツアーに回ることが多い国ではまだ、ビザや労働許可証などを要求している。スペインではビザ申請などでバンドメンバー1人あたり数百ポンドの費用がかかる例もあるという。

また演奏道具の運搬で新たな障壁が発生している。英ポップミュージックの業界団体ISMによると、移行期間終了前は特別な申告や追加コストなく楽器や機材をEU域内に持ち込むことができた。だが完全離脱以降は、機材の持ち込みで関税をかけられないようにするために「ATAカルネ」と呼ばれる通関用の書類を原則、機材ごとに準備しなければならなくなった。この書類の発行に手数料がかかるほか事務処理も発生し、アーティストの重荷となっている。

さらにステージ機材を運ぶ運送業者は通常の食品や電気製品などの輸出品を運ぶトラックと同じルールが適用される。原則、複数の国を相次いで回ることは許されない。音楽業界は「これではEU域内を回るツアーはあり得ず、英国のアーティストやコンサート運搬業界は崩壊する」と訴える。機材の運搬の問題はロックバンドだけでなく、オーケストラ楽団などにとっても死活問題だ。

大物アーティストはまだ経済的余裕がありこうしたコスト増を吸収できるかもしれないが、まさに売り出し中の若手には厳しい。「新進気鋭のアーティストや次世代の音楽家がEUをツアーする機会は狭まる」「世界で活躍できる将来世代を失いかねない」。エルトン・ジョン氏は21年8月にも改めて声明で危機感をあらわにした。

アーティストを支える自治体も出てきた。英最大の音楽大学やノーザン・バレエ団など芸術で有名な英中部リーズ市では Brexit 後の移動ルールで困難に直面する小規模団体には助成金を配り始めた。さらに友好都市の独ドルトムントや仏リールなどとの人的交流を深めて都市間で対応できることがないか協議しているという。同市の文化・経済担当のイブ・ルードハウス主任は「英国とEUや加盟国との交渉は時間がかかるだろう。中央政府には任せられないので、友好都市などとともに対応を模索する必要がある」と危機感を募らせる。もともと新型コロナの感染拡大でアーティストやダンサーなど芸術分野への打撃は大きかっただけに、Brexit が追い打ちになることを恐れている。

英国とEUはツアーアーティストの移動の緩和措置で合意できなかったことを互いに批判している。英政府はEU全体との合意よりも、国ごとに2国間協定を結ぶ策に活路を見いだしているもようだ。それでもビジネスマンのように「180日間の期間内で最大90日間まで」という制約さえ守れば、かつてのようにEU全域を回れる日がくるのかは見通せない。

ビートルズやコールド・プレイなどを生み出し世界中の根強いファンを魅了してきた「UKロック」という強力なソフトパワーが、Brexit でじわじわと衰退するかもしれない。

4　摩擦再燃の火種は2025～26年に集中

ワクチン普及に最大のメリット

ではＥＵ離脱で何か良いことはなかったのか。ＥＵ離脱の制度変更とは直接関係ないものの新型コロナワクチンの普及では英国民は Brexit の大きなメリットを味わった。２０２１年各月の末日の欧州各国の人口当たりのワクチンの接種数を表したのが図表３－４だ。欧州最悪レベルの約13万人の死者数を出してコロナの劣等生だった英国だが、ワクチン獲得競争に勝利して大きくリード。感染の波が来ても、死者数や重症者の急増は回避できていると自信を深める。

新型コロナの第１波が収まり始めた２０２０年６月、ＥＵ加盟国27カ国はワクチン調達の中心的責任をＥＵに与えるスキームに合意した。英国はこの時点でＥＵ離脱をしていたものの移行期間中だったため、このスキームに参加することもできた。

図表3-4 各国の1回以上ワクチン接種した人口比率

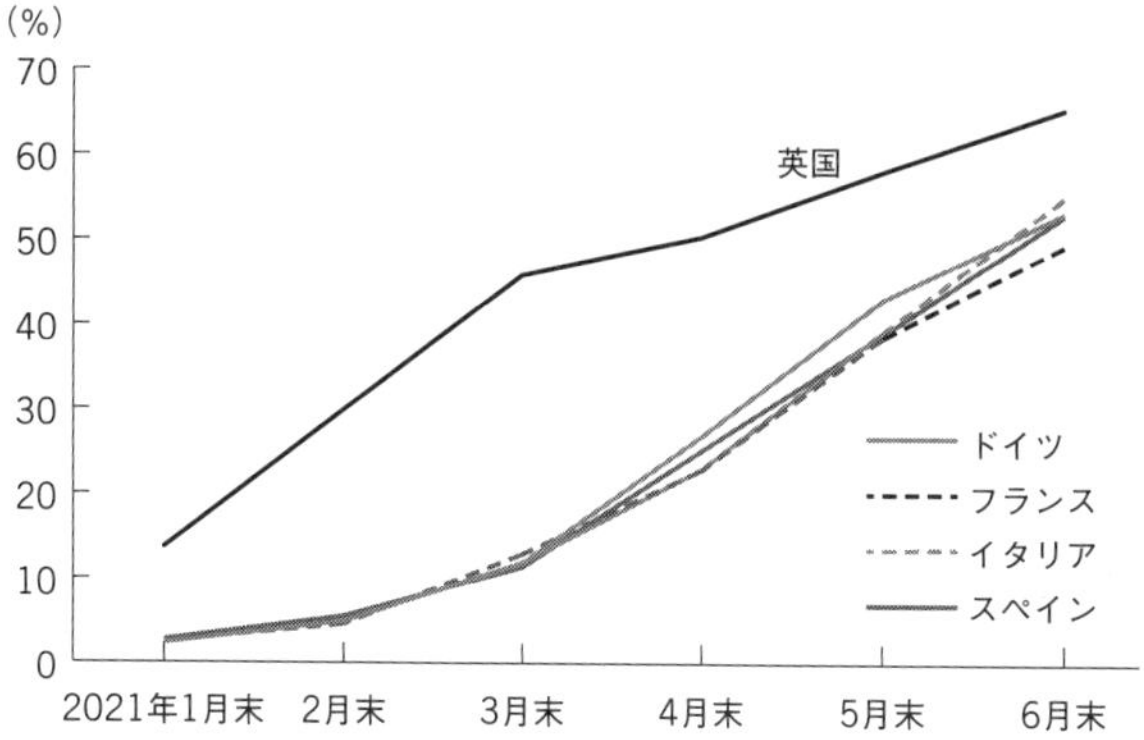

(出所) Our World in Data

実はこのスキームに参加しても加盟国は独自にワクチン調達することは許される。実際にハンガリーやスロバキアはロシア製のスプートニクVを使っている。だがEUが取引を合意している業者から加盟国が独自調達をすることはできなくなる。英国は自国企業のアストラゼネカ製ワクチンが使用可能になることも見越して、EUスキームに入らないことを決断。8月中旬まではアストラゼネカ、ファイザーなどとの契約に原則合意した。

これが21年前半のコロナ対策の明暗を分けた。英国はほぼ順調にワクチン普及が進んだ。だがアストラゼネカが当初予定通り生産できず、EU向けの供給は大きく計画を下回る事態となった。英国が人口当たりの接種回数で世界でもトップクラスを快走してジョンソン政権の支持率まで回復する一方、ＥＵは市民の不満が鬱積し、英国に「輸出停止をするな」と文句をつけたり、アストラゼネカ社を提訴したりと「敗戦処理」に追われた。

　この状況にＥＵ残留派が多かった一部のロンドン市民からも「ＥＵ離脱して良かった」との声があがった。スコットランド議会選と並んで２０２１年5月に行われた英国の統一地方選では、イングランドの地方議会でジョンソン氏率いる保守党が労働党から多くの議席を奪った。政府が離脱前に想定していたわけではないが、ワクチンの早期普及はＥＵ離脱のメリットを国民に実感させる一材料となった。

「揉め事」がすでに予定されている？

「英国の詩人Ｔ・Ｓ・エリオットの詩から一行借りるなら、『何かを終わらせることは、何かを始めること』です。すべての欧州人に申し上げます。Brexit はもう過ぎたことにしましょう。私たちの未来は欧州で作られます」。２０２０年12月24日、英国とＴＣＡを合意した直後の記者会見でＥＵのフォンデアライエン欧州委員長は穏やかな口調でこう語った。16

年の国民投票以来、４年半にわたる交渉に悩まされてきたのは英国だけでなくＥＵも同じ。その間、フランスなど対英強硬派の国からは「英国問題」に忙殺されてＥＵが着手すべき課題に遅れが生じているとの声も出ていた。フォンデアライエン氏の安堵のセリフはＥＵ全体の本音だろう。

だが残念ながら、簡単に英国とＥＵが Brexit 問題の呪縛から解き放たれて一気に関係改善に向かったり、経済界の不確実性が一気に晴れたりということは考えにくい。ここまで見てきたように治安の不安定化をもたらしている北アイルランド議定書の修正や、漁業や食品加工業をはじめとする非関税障壁、アーティストや芸術家のビザ問題などわずか半年程度で英・ＥＵ間の摩擦や経済界の悩みが噴出している。

しかもＴＣＡに盛り込まれた約束事をみると、さらなる「揉め事」が予測される予定がすでに書き込まれている。今後、摩擦が起こりえる課題を示したのが図表３－５だ。ポイントになるのは英ＥＵが「揉めそうな」課題が２０２４年末～26年のおよそ2年間に集中しており、この時期に大きな山場が来る可能性があるという点だ。

まず根本的な規定として、このＴＣＡでは5年ごとに協定を見直すことになっており、協

図表3-5　英国のEU離脱問題の課題は2024年末～26年に集中する

■直近の主な課題

非関税障壁で農業・漁業・食品加工業、中小企業のEU輸出減少。食品衛生基準などの微修正?
歌手やダンサー、舞台俳優などアーティスト系労働者の入国要件・機材の移動が厳格になり、EU域内ツアーが困難に
EUによる英の金融規制の同等性の承認

■中期的課題(離脱協定や貿易協定に定められたもの)

	時期
北アイルランド議会が同議定書の延長か停止を判断	24年末
GDPRに基づく、EUから英への個人データ移転の「十分性認定」の見直し期限	25年6月末
貿易協力協定(TCA)全般の定期的な見直し	25年末
TCAで定めたEU漁船の英海域での漁業権問題の激変緩和期間の終了。その後の漁業ルールの交渉必要	26年半ば
電気自動車などの原産地規則の要件緩和の終了	26年末

■そのほか

英・EUいずれかが相手をTCA違反と判断し、対立が深まれば、仲裁パネルで制裁関税などの報復が決定されたり、協定の一部停止に至る可能性も(随時)

定を打ち切りたい場合にはどちらか一方が12カ月前に事前通告すれば協定を破棄できることが定められている。いわば5年ごとに協定内容を更新するようなイメージだ。ポジティブに考えればこの見直しに合わせて、弁護士などの専門職の相互承認規定が加わったり、農家や水産業を助けるような食品衛生基準の調和の規定など産業界にうれしい要素がＴＣＡに肉付けされる可能性もある。

だが5年後の見直しの時期に英・ＥＵ間の貿易の非関税障壁に深刻な問題が残っていれば、更新はすんなりいかないかもしれない。経済政策の主権を手に入れた英国が過度に企業寄りの規制緩和などを講じた場合には、ＥＵが更新をスムーズに認めない可能性がある。英・ＥＵ双方が今までの交渉のように、また「協定打ち切り」をちらつかせてけん制し合うような展開になれば経済界に不透明感が襲う。

また第2章でみたように、北アイルランド議定書の内容をそのまま更新するかどうかを同地域の議会で採決する最初のタイミングも２０２４年末までにある。

ビジネスで大事になりそうなのが英・ＥＵ間の個人データのやりとりの分野だ。ＥＵには個人情報保護のために欧州経済領域（ＥＵ＋ノルウェー、アイスランド、リヒテンシュタイン）から域外への個人データの移転を原則禁止する一般データ保護規則（ＧＤＰＲ）というルールがある。ただＥＵが「十分に個人情報が保護されている」と認めた第三国には「十分性認定」が付されてデータ移転が認められる。ＥＵは２０２１年６月に４年間の時限措置として英国に十分性認定を与えた。ただ英国はＥＵよりも自由なデータ流通ルールを求める傾向が強く、今後データ保護に関する国内ルールを緩和していく可能性がある。この十分性認定が４年後に更新されるかどうかは見通せない。

さらに紛糾必至なのが、すでに混乱が顕在化している漁業だ。前述のようにＴＣＡでは漁業について「５年半にわたり両者の漁船は互いの海域で操業し、ＥＵの漁獲量の割り当ても徐々に減らす」という「激変緩和期間」を設けた。その後は英国とＥＵが漁獲割りあての配分や英海域での操業ルールについて毎年の漁業交渉で決める。２０２０年の１年間のＴＣＡ交渉で漁業権の扱いについて大紛糾したのに、５年半後の交渉があっさり合意できるとは思えない。

実際に２０２１年４月末、英国は今までＥＵと漁業交渉をしていたノルウェーと２国間の漁業交渉に臨んだが合意できなかった。業界団体のＵＫフィッシャリーズは「何十年も続いたノルウェーでの漁業権の維持すらできなかった」と強い不満を表明した。ノルウェー近海はタラの好漁場でロンドンのパブにならぶフィッシュ・アンド・チップスの原産地にもなっているのだが、英BBCはこの供給に影響が出る可能性があると報じた。

21年5月には英南部ポーツマスを母港とする軍艦2隻が、漁業問題を巡って、フランス近くの英王室属領ジャージー島に派遣されるという物騒な事件が起きた。発端はジャージー島政府が自らの海域に入れるフランスの漁船を管理しようと、仏漁船に過去に海域に入ったことがあることを証明する書類を出すよう求めたことだ。GPS機能がついていない中小の漁船などはそれを提出できず、多くの漁船がジャージー島海域での操業を拒否された。これに腹を立てた仏漁船数十隻がジャージー島に向かったため、英軍艦が警備のために派遣されたといういきさつだ。

EU側はジャージー島の判断を「事前通告もなく根拠もなく特別な条件を課した」として、TCAに反すると英国を非難。英国は「TCAで定めた漁業ルールは逸脱していない」と反論して真っ向から対立した。

漁業の問題だけに終われば双方の経済の1%未満の産業なので目をつむれなくもないが、

この問題が先鋭化すると前述した「ＴＣＡの破棄の予告」を振りかざし合う英ＥＵ間の摩擦につながりかねない。ＴＣＡではいずれかが手続きを踏んだ上で、いくつかの商品に制裁関税をかけることも認めている。移行期間終了からわずか半年で問題が相次いでいるのを考えると、２０２６年に想定される新たな漁業交渉が無風に終わるとは考えにくい。経済界にとってはまた不透明感に襲われる望ましくないシナリオだ。

自動車産業のターニングポイントは26年12月末

在英の自動車産業には「２０２６年12月末」が重要な日付となる。ホンダが英南部スウィンドンの工場撤退を決めたとはいえ、英国はトヨタや日産が工場を構える重要生産拠点だ。前述のように英・ＥＵ間のＴＣＡではＥＵ加盟時とは違い、英・ＥＵ域外の原材料の比率が多い製品は無関税の対象から外れる。対象から外れると乗用車の完成車の場合は最大10％の関税がかかる。

ＴＣＡではこの原産地規則について、電気自動車（ＥＶ）やハイブリッド車（ＨＶ）、プラグインハイブリッド車（ＰＨＶ）で6年間、要件を緩和することが盛り込まれた。23年末までは付加価値の金額ベースで60％まで域外製品を利用しても無関税となり、24～26年末は55％まで域外製品を認める。ＥＶなど向けの電池セルやモジュールも23年までは最大70％、24～26年末は50％まで域外製品を使っても無関税となる。

原則として27年以降は他の一般的な財と同じ水準となり、原産地規則の域外比率の基準は45％まで下がるが、英ＥＵ間で合意すればこの特例の延長もあり得る。ＥＶやＨＶ、ＰＨＶは電池などの基幹製品を日本や中国、韓国から輸入しているケースが多い。日系メーカーだけでなくＢＭＷやジャガー・ランドローバーなど英国に拠点を置く自動車産業にとっては原産地規則の動向は死活問題だ。英政府はＴＣＡ交渉でＥＵに対し、日本を含めた一部の国からの原産品の恒久的な規則の緩和を求めた。自動車産業を支援するためだ。だがＥＵとの交渉は紛糾し、最終的に6年間の時限措置に落ち着いた。

トヨタの関係者は日本経済新聞の取材に「6年後に向けた議論を始めた」と語った。6年間はモデルサイクルが長い自動車産業には決して長くない猶予だ。自動車業界が6年後に英政府やＥＵにどのような働きかけを行うかは定かではないが、仮に英ＥＵが再交渉をしても合意に至る保証はない。

英国は気候変動対策の一環として「2030年までのガソリン・ディーゼル車の新車販売終了」を掲げており、英政府にも部品も含めたEV産業を集積させたい思惑はある。トヨタをはじめ自動車産業がどう動くのか。「2026年末」という時間軸を踏まえて、その前後に英自動車業界で再編や移転などのニュースが相次ぐ可能性も否定できない。

コラムI　英EU交渉はどちらが勝ったのか

4年半にわたる英国とEUの交渉が難航を極めたのは、そもそもの両者の世界観が極端に分かれていたためだ。EUは2度の大戦を繰り返さないとの反省から、強力に加盟国の統合を推進することで平和と繁栄の実現を目指している。結果として国民国家は希薄化しがちだ。だがブレグジットは主権を持つ国家こそが国民の利益や繁栄を守れるという理念だ。理念が最初から正反対の交渉は難易度が高くて当たり前だ。

ではその交渉で英国とEUのどちらが勝ったといえるのか？　まずは交渉前のお互いの

レッド・ライン（譲れない一線）を確認してみよう。英国側のレッドラインは主に①EU司法裁判所の管轄から外れる②人の移動の自由を終わらせる（移民の抑制）③EUへの拠出金の義務の停止④EU域外との貿易協定の締結の自由の確保（関税同盟から離脱）――の4点だ。

一方のEU側は①単一市場の一体性の維持（モノ・ヒトの移動の自由は不可分）②政府補助金や産業政策で公正な競争条件を確保③EU加盟国よりも良い条件を英国に与えない――といった点が挙げられる。

言い換えれば「立法や産業政策、経済外交の主権を取り戻しつつ、EUからの経済的利益の減少は最小限にしたい英国」と「いいとこ取りや特別扱いは許さず、加盟時と同じ条件は与えないつもりのEU」という相いれない両者の対決だった。

ただ仕上がりについては英有名シンクタンク・王立国際問題研究所（チャタムハウス）のロビン・ニブレット所長は筆者の取材に「双方が勝利宣言できる内容だ」と評価した。英国からすればEUの関税同盟や単一市場から抜けたことでEU以外との貿易協定の自由を確保し、主権の回復や自国での移民管理も手に入れた。EUは「移民は受け入れないが、モノの自由移動は手に入れる」といったいいとこ取りを英国に許さず、単一市場の正統性を守った。バランスの取れた合意だとの分析だ。

ＥＵ当局者は当初から第2の英国が出ないよう必死だった。ＴＣＡが締結するとすぐに「Brexit で英国が失うこと」を列挙したリーフレットを作成した。そこには金融機関に付与する金融パスポートのような大きな話から、ペット用パスポートといった生活に密着したものまで細かく英国が受けるダメージが記された。英国が首相の交代という犠牲を払いながら4年半にわたり対ＥＵ交渉に悪戦苦闘した姿が焼き付き、ＥＵ加盟国内から「ＥＵ離脱」を高らかに訴える勢力はここ数年で急速にしぼんだ。ＧＤＰの15％に相当する国が抜けるのはめでたいことではないが、ＥＵにとっては単一市場を守り、ＥＵ離脱を志向する第2の加盟国の可能性をほぼゼロに減殺できた今回の交渉は悪くない結果だったといえる。

一方英国も望んでいたレッドラインは満たしたし、ＥＵに比べたコロナワクチンの大幅な進展で離脱の恩恵を感じる国民もじわりと増えた。ただ次章で見るとおりＥＵ離脱で失う国内総生産（ＧＤＰ）は米英ＦＴＡなど域外との通商協定では補いきれない。

コロナ前の２０１９年の英政府の対ＥＵの貿易統計によれば、金融など自国が強みを持つサービス貿易は約１７９億ポンド（約２兆７０００億円）の黒字だが、モノの貿易は約９７５億ポンドの赤字を抱える。今回のＴＣＡは「全品目関税ゼロ」とモノの貿易での成果は画期的だが、サービス業はほぼノーディールだった。ＴＣＡの内容を考えれば英国からみて、モノの貿易は赤字が広がり、サービス貿易の黒字は縮む公算が大きい。順当にいけば、中長期的にはＥＵの『やや勝ち』となりそうだ。

第　4　章

離陸できるか「グローバル・ブリテン」

青空の下、いくつもの英国旗ユニオン・ジャックがはためく、ウェストミンスターの英議会前広場（2021年5月、筆者撮影）

1　離脱3年で目指すはFTAカバー率80%

「ゼロから」の大型FTAを1年で仕上げる

「我々が主権国家として何ができるかを示すことができた。この合意は環太平洋経済連携協定（TPP）加盟にも道を開く」。2021年6月15日、通商戦略を担当するエリザベス・トラス国際貿易相はオーストラリアとの自由貿易協定（FTA）の大筋合意にこぎ着け、誇らしげに語った。

英国はEU離脱に合わせて20年末の移行期間終了までに、EUや日本と相次いで貿易協定を結んだが、これは今まであった既存の協定をベースに条項を出し入れしたものだった。オーストラリアとはEUも貿易協定を結んでおらず、初のゼロからの交渉による成果だ。豪州は英国の交渉入りが決まったTPPの主要参加国。英国のTPP交渉の弾みにもなる。

通常は数年かかるFTAをほぼ1年で仕上げたのもサプライズだった。ジョンソン首相も

「まさにグローバル・ブリテンの最高のかたちだ。コロナ危機から国の隅々が脱却するためにも非常に大きい。英豪関係の新たなる夜明けだ」と手放しで喜んだ。

英国はこのほか21年６月末現在で、米国やニュージーランド、そしてＴＰＰの交渉を進めており、ＥＵ域外とのＦＴＡ圏拡大を急いでいる。この章では、通商戦略を皮切りにＥＵ離脱後の英国の経済の将来がどのような姿になるのかを検証してみる。

ジョンソン英政権は新型コロナウイルスで欧州最悪レベルの犠牲者を出したものの、「コロナ２年目」の急速なワクチン普及でその失地を取り戻しつつある。その結果、経済面でも21～22年の急回復が予測されている。だが、これはあくまでコロナ危機による落ち込みの取り戻しに過ぎず、中長期の英国の経済成長とは別の話だ。

このため英国分裂を防ぐという観点でみれば、ＥＵ離脱の将来のメリットが勝ち、長期的な経済成長路線が描ければ、連合王国の求心力が増す。デメリットが目立てば分裂に向けた遠心力になる――と占うことができるだろう。

ＦＴＡ圏目標、対米交渉が最大の難所

与党・保守党の支持者がつくった、英国では有名な同党の支持者向けサイト「Conservative Home」は、定期的に支持者に閣僚の仕事の「満足度」を聞いて掲載する。次期首相候補を占う指標としても注目されるのだが、２０２１年４月時点ではトラス国際貿易相が１位に立ち、「ジョンソン首相の若き後継者」と噂される2位のリシ・スナク財務相の上に立った。

スナク氏は新型コロナのロックダウン対策として休業者に給与の80％を肩代わりするなど大胆な財政出動を決断し失業を抑え、一部の野党支持者からも評価されている。だから、上位というのはわかりやすい。一方でやや地味な印象のトラス氏が首位というのは少々意外だが、地道に貿易協定の合意を積み上げてきた玄人受けする仕事が保守党支持者に高く評価されたようだ。

ジョンソン政権は２０１９年の総選挙の保守党のマニフェスト（政権公約）に、22年末までに全貿易額に占めるＦＴＡ締結国のカバー率を80％にすることをＥＵ離脱後の通商政策の柱に掲げた。とはいっても、まずはおよそ半分を占めるＥＵとの通商協定を結び、日本や韓

国などいままでEUが結んでいた第三国とのFTAを全て結び直さなければ、マイナスからのスタートとなる可能性があった。第3章でみたように2020年末に移行期間が終わりEUの加盟国でなくなれば、第三国との通商協定の効果は切れるためだ。

21年6月末現在の数字をみると、図表4－1にあるように、英国は本来1本につき数年はかかるというFTAを矢継ぎ早に結び、FTAカバー率を63・8％まで引き上げた。相手国の数はおよそ65カ国・地域に及ぶ。このうち大別すれば、首相直轄で進めた対EU以外の17％分が主にトラス氏の仕事だった。繰り返しになるが、大筋合意に至ったオーストラリア以外は、21年1月に発効した日英経済連携協定（EPA）をはじめとしてEUが結んでいた通商協定をおおむね継続する交渉ではある。それでも移行期間終了前は、「継続のための交渉も間に合わず、失効する通商協定が相次ぐ」との見方もあっただけに、マイナスからのスタートが回避できたのが高い評価につながったといえるだろう。

保守党支持者の評価が高いトラス国際貿易相（英議会提供）

図表4-1　ジョンソン政権は
「22年末までのFTAカバー率80%達成」を掲げる
(英国の21年6月末現在の通商協定の交渉・締結状況)

	国・地域	貿易額比率	輸出額	輸入額	収支
■大筋合意または署名・発効済み					
新将来関係	EU	47.1%	2,912	3,709	−797
新FTA	オーストラリア	1.3%	122	65	57
対EUの協定の継承	日本	2.1%	137	155	−18
	韓国など63カ国・地域	13.3%	輸出入合計で1873億ポンド		
	合計	63.8%			
■交渉中や交渉予定の協定					
新FTAの締結	米国	16.3%	1409	890	519
	ニュージーランド	0.2%	15	12	3
	インド	1.7%	85	148	−63
	TPP※	0.4%	26	24	2
	(参考)TPP全体	7.8%	567	528	39
	合計	18.6%			
■参考					
	中国	6.1%	367	495	−128

(出所) 英貿易統計。数字はコロナ前の2019年
(注) TPPはまだFTAを結んでいない3カ国からNZ除いた数字。貿易額は億ポンド

ただトラス氏やジョンソン政権の真価が問われるのはこの後だ。2022年末までのFTAカバー率80％の目標を掲げるのはただ単純にEU域外との通商協定を増やすことだけが目的ではない。

英国にとって、コロナ前の2019年時点でモノとサービスの双方を足した貿易の47％をEUが占めるが、対EU貿易は797億ポンド（約11兆9500億円）の大幅な赤字を記録している。新興国などに比べれば投資収益も高くなく、「EUは取引規模が大きくても儲からない相手」というのが実態だ。

逆にEU域外の国とのモノ・サービスの貿易収支は522億ポンドの黒字を確保しており、「儲かる相手」と言える。特に「英国の強み」や「FTAカバー率80％達成」の両面から考えて、対米通商協定は最重要になる。英国の対米貿易黒字は519億ポンドで、うち7割を英国が強みを持つ金融をはじめとしたサービスで稼いでいる。しかも、もう一度図表4－1を見ていただくとわかるが、貿易額の16％を占め英国の最大の貿易相手の米国との通商協定が成立しなければFTAカバー率80％には到達しない。サービス分野も含んだ米国との包括的なFTAの締結は、離脱後の英国の通商戦略の最大の柱だ。

だが合意の道は険しくなっている。離脱直後はジョンソン首相とトランプ前大統領が早期合意で一致し、2020年中の大筋合意もあるとの楽観論が流れた。ところが、いざ同年5月から交渉に入ると農産品の市場開放や、米国から塩素消毒した鶏肉やホルモン剤を使用した牛肉の輸入を認めるかどうかが難題になり合意は遠のいた。その後、国内の経済や投資の再生を優先するバイデン政権の誕生で早期合意の芽は急速にしぼんでいる。

英保守党内からは2月に参加表明したTPPをテコに米英FTAを進めるという次善策も聞こえ始めている。「対中けん制の国際世論の中で、米国がTPP復帰を決断したときに先に英国が加盟していれば、米英の2国間交渉もしやすい」との見解だ。

埋まらない Brexit の穴

もっとも英国が米国も含めて順調にFTAで合意できても、EU離脱により受ける経済のダメージは補えないというのが英国内での一般的な見方だ。

図表4－2にあるように、英経済社会研究所はEU離脱に伴う10年後の英国内総生産（GDP）へのマイナス効果は3・5％にのぼると試算した。これはいわゆる「合意なき離

脱」ではなく、EUとFTAを結んだ場合といういまの現実シナリオだ。同じような仮定の、ロンドン・スクール・オブ・エコノミクスのトーマス・サンプソン准教授の試算も15年後時点でGDPを実質で3・7％押し下げるとみており大きな違いはない。サンプソン准教授の試算で興味深いのは英国で約13万人の命を奪った新型コロナの影響は15年後時点で2・1％の押し下げにとどまると見ている点だ。

新型コロナにより2020年の英国のGDPはおよそ300年ぶりに約10％も縮んだが、ワクチンの普及などによる経済活動の再開で大部分は復活すると予測されている。一方、たとえFTAを結んでも、EU離脱にともなう非関税障壁の発生などの影響は、長期的に経済活動にダメージを与え続ける。イングランド銀行のアンドリュー・ベイリー総裁も20年11月の下院財務委員会で「おそらく、コロナの長期的な経済への影響よりもBrexitの長期の影響の方が大きい」と語っている。

これに対し、再び図表4―2を見ていただくと、英政府が当初見込んでいる主要なFTAの長期的なGDPの押し上げ効果は、EU離脱のマイナス効果に全く届かない。英国はEU離脱直後に米国、日本、オーストラリア、ニュージーランドを「重点FTA交渉相手国」と

図表4-2　欧州連合（EU）離脱が英国経済に与える影響

■欧州連合（EU）離脱が英国経済に与える影響

試算①＝英経済社会研究所（10年後のGDPへの効果）

英・EUがFTAで妥結した場合	▲3.5%
英・EUが「合意なき離脱」になった場合	▲5.6%

試算②＝ロンドン・スクール・オブ・エコノミクス
トーマス・サンプソン准教授（15年後の効果）

新型コロナウイルスの経済への影響	▲2.1%
英・EUがFTAで妥結した場合	▲3.7%
英・EUが「合意なき離脱」になった場合	▲5.7%

■英の主要な新FTAの長期的なGDPの押し上げ効果

米英	△0.16%	英豪	△0.02%
日英	△0.07%	英NZ	0%
		合計	△0.25%

（出所）英政府の交渉方針より

位置づけたが、この４カ国のＧＤＰ押し上げ効果を積み上げても０・25％にしかならない。参加表明したＴＰＰにしても、すでに日本やオーストラリアを含め８カ国と２国間ＦＴＡを結んでおり、合意に至ってもＦＴＡカバー率は大きく伸びず、ＧＤＰの押し上げ効果も限定的だ。つまり純粋なＧＤＰの損得勘定では、ＥＵ離脱はマイナスに終わる可能性が高い。

ただ、まだ黒字幅が少ない

対アジア貿易は同地域の経済成長に従って、黒字幅がさらに伸びる可能性は秘めている。保守党のある通商問題に詳しい議員は「アジア地域やＴＰＰ加盟国は人口や経済成長の点でＥＵより優れている。英国の強みはサービス輸出と投資であり、ＴＰＰで英企業は金融や医療、教育などの分野での取引で果実を得る」とモノの貿易だけにはとどまらない潜在性を指摘する。ジョンソン政権は「インド太平洋地域への関与」を掲げるが、これは安全保障と経済協力の両面の協力を念頭に置く。インドやマレーシア、東南アジア諸国連合（ＡＳＥＡＮ）諸国などさらにアジアにＦＴＡ圏を広げ、英国の強みのサービス輸出や対アジア投資を拡大することでＥＵ離脱の大きな穴をどれだけ埋められるかが経済浮揚のカギになる。

2 金融街「シティ」溶解、受け皿はＥＵではなく……？

「単一パスポート」喪失までは想定内だったが

英国経済の屋台骨の金融分野では、２０２０年末の移行期間終了直後から象徴的な動きが起きた。取引所運営のＣＢＯＥヨーロッパによると、21年1月の欧州株の売買占有率でロンドンは22％に急減し首位の座から滑り落ちた。代わりにトップに立ったのは4位だったオランダ・アムステルダムで23％。20年12月時点ではロンドンは44％、アムステルダムは７％だったので、ＥＵ完全離脱をきっかけにした大逆転劇が起きたといえる。

アムステルダムの急上昇は移行期間終了を機に、複数の電子取引市場が移った結果だ。ロンドンでの欧州株の売買が英ロンドン証券取引所（ＬＳＥ）より多かったＣＢＯＥヨーロッパのほか、ＬＳＥ傘下のターコイズもアムステルダムにＥＵ拠点を設けた。英語が広く通じるのが同地の魅力だ。6月にはロンドンで春先からスイス株の売買が認められたためロンドンが僅差で首位に返り咲いたが、「圧倒的トップ」でなくなったのは間違いない。

デリバティブ（金融派生商品）の取引でもロンドンの退潮が鮮明だ。コンサルティング大手・デロイトとＩＨＳマークイットの報告書によれば、20年7月時点に40％弱あったユーロ建てスワップ取引のシェアは21年3月時点で約10％にまで低下。代わりにＥＵが10％から26％に拡大し、米国も10％弱から19％に膨らんだ。全通貨建てでみるとニューヨークのシェアはさらに増えた。いくつかの分野で金融街「シティ」からの資本や取引の外部流出が少しずつ進んでいる。

最も大きな要因は英国が「単一パスポート」と呼ばれるＥＵ金融機関向けの免許制度を離脱した点だ。ＥＵとスイスを除く欧州自由貿易連合（ＥＦＴＡ）加盟国（アイスランド、ノルウェー、リヒテンシュタイン）のいずれかの国で免許を取得した金融機関は他の域内でも同じ免許で営業が可能になる制度だ。銀行だけでなく保険や投資運用業なども対象になっている。英国がＥＵ離脱に伴いこの制度から抜けたため、ＥＵの金融機関など市場参加者は原則として、スワップ取引や株式売買でロンドン拠点のプラットフォームを使えなくなった。

一方でＥＵは米国に対して、ＥＵの投資家へのサービス提供を許可している。このためにロンドンからEUや米国への金融取引に流出が起きた。

もっとも「単一パスポートの喪失」までは想定内で、各金融機関はそれに備えて、EU側に新たに拠点や支店をつくって営業免許をとるなど対応は済ませていた。このため基本的な金融仲介機能や顧客との契約継続などの面において大きな混乱は起きていない。

たとえばロンドンにある金融機関が在EUの顧客と契約を継続するには、どこかのEU加盟国に支店を置いて営業許可が下りれば対応できる。三井住友フィナンシャルグループは銀行と証券業務を行う新会社を独フランクフルトに設立し、19年4月から営業を開始した。三菱UFJフィナンシャルグループも証券業務を行う子会社としてオランダに新会社を開設した。このため「EU完全離脱に伴う混乱はほとんど回避できている」（邦銀幹部）との声が一般的だ。

ただその先の話となると、EU完全離脱前の市場関係者の想定とは逆方向に進んでいる。もともとは英国とEUがお互いの金融ルールや規制の水準が高度に同程度だと認め合う「同等性」を付与しあえば、英国拠点からEUの顧客との取引を継続できたり、EUの投資家がロンドンの取引プラットフォームの活用を続けたりできる可能性があった。

この「同等性」に関してはもともと英・EUの貿易協定（TCA）の交渉中の20年6月末までに結論を出す予定だった。だがTCA交渉自体が紛糾したため金融分野の協議は後回しになり、結局TCAには金融を含むサービス分野の合意は入らなかった。

EU側には Brexit をきっかけに、ロンドンに拠点を構える金融機関や市場機能を大陸欧州側で奪い取る思惑がある。一方の英国もイングランド銀行の理事の間で「同等性を得るために（EU規制を受け入れる）ルールテーカーになるべきではない」との声が大勢を占める。このため21年6月末現在では英国が複数の分野でEUに同等性を一方的に付与している以外には、英・EUで金融規制の協力を協議する「フォーラム」を立ち上げることくらいしか固まっていない。簡単にいうと、EUから見た金融規制の距離は米国や日本より、英国の方が遠い状況になってしまっている。

440社・1兆ポンドがEUに流出

ここでEU離脱に伴い英国の金融業のヒトやカネがどれほど流出しているか確認しておこう。金融シンクタンクであるニュー・フィナンシャルの21年4月の報告書によると、英国の

図表4-3　Brexitによる在英金融機関の移転先

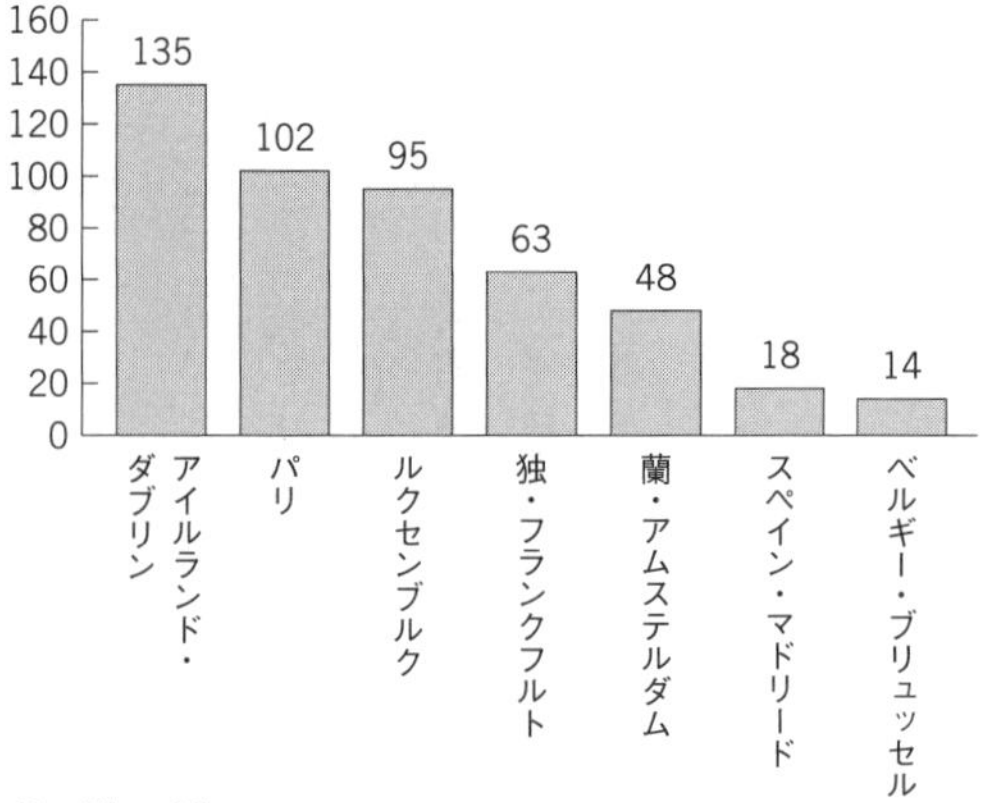

（出所）New Financial

主な日系金融機関の移転先

三菱UFJFG	本部機能をオランダに集約。18年4月、EU免許を持つ現地銀行法人の傘下にドイツ支店、スペイン支店を編入。19年3月から証券の現地法人も営業開始
三井住友FG	独フランクフルトで商業銀行業務、証券業務を行う現地法人の業務を19年4月1日から開始
みずほFG	みずほ証券が独フランクフルトに現地法人を設立
野村HD	独フランクフルトに欧州大陸の中核拠点を開設
大和証券グループ	独フランクフルトに証券現地法人を設立

（出所）日本経済新聞報道より

金融機関のうちEU側に新拠点を設立したり、事業の一部や人員を移転させたりした企業は約440社あった。銀行や投資銀行は英国に保有する総資産の約10%にあたる9000億ポンド（13・5兆円）をEU拠点に移動させた。また、保険会社や資産運用会社も1000億ポンドを移転した。

注目されるのは移転先が意外と分散している点だ。図表4－3の通り、移転先の首位は隣国アイルランドの首都・ダブリンで135社。英大手バークレイズ銀行がEUの顧客との既存契約をアイルランド子会社に移転させた。以下、パリ（102社）、ルクセンブルク（95社）と続き、前述した欧州株売買の恩恵を受けたアムステルダムは48社で4番目にとどまった。

ニュー・フィナンシャルの報告書は事業や資産の移転は「世界や欧州での英国の金融業界での影響力を徐々にそぎ落とす」と分析する。金融サービスは英国のGDPの6・4%（2019年）を占めており、さらに法律家や会計士などそれに付随する専門サービス業は13・1%のGDPを生み出している。貿易面でも金融や保険業によるサービス輸出は620億ポンド（2018年）で英国の総輸出の20・2%に達しており、名実ともに英国経済のけん引役といえる。だが同報告書ではこの金融分野の輸出が260億ポンド減る可能性があると指摘する。国全体の1割を稼ぐ税収にも悪影響を与えるとみられている。

さらにEUはLSE傘下のLCHなどロンドンが圧倒的なシェアを握るデリバティブの中央清算機関（CCP）の機能の奪取も画策する。金利スワップの決済業務はロンドンが世界の90％を占める。買い手と売り手の間に立って決済を集中処理する重要な金融インフラで、欧州委員会は金融安定のために英国のCCPに2022年6月までの時限的な「同等性」を認めた。だがEU側は「長期的に持続可能では全くない」として、時限措置の間に清算場所をEU側に移すよう市場参加者に圧力をかけている。

英・EUの摩擦、NYやアジアが漁夫の利を得る

ただ足元で英国からEUへヒトや資産の移動がじわりと進み、EUが今後も英国から金融取引シェア奪還を狙い続けても、欧州における「シティ」の優位性が一気に崩れることはない――というのが金融関係者の大方の見方だ。欧州側にはロンドンに取って代わる街の規模や関連の専門サービスインフラを備えた大都市はない。前述のように資産運用はダブリン、

図表4-4 各国の金融業務別の世界シェア（%）

	英国	米国	日本	フランス	ドイツ	シンガポール	香港	その他
クロスボーダー銀行貸し付け(2020年4-6月期)	15	10	13	10	7	2	5	38
外国為替取引(2019年4月)	43	17	5	2	1	8	8	17
金利OTCデリバティブ取引(2019年4月)	50	32	2	2	1	2	6	6
資産管理(2019年末)	6	46	7	4	—	—	—	—
保険プレミアム(2019年末)	6	39	7	4	4	0	1	38
国際債券取引残高(2020年3月末)	13	9	2	6	5	1	1	63

（出所）TheCityUKの2020年12月のレポート

保険資産はパリ、株式市場ではアムステルダムというように各都市の得意分野に応じてロンドンが持っていた資産の一部が分散して移転されているのが実情だ。欧州にロンドンに代わる金融都市ができるという見立ては非現実的だ。そもそもEUが画策するデリバティブの中央清算機関の機能の奪取も、関係者からは「大陸欧州側で市場参加者が十分に集まるのか」との批判的な声もあり、実現するかは不透明だ。

王室属領や海外領土を活用したオフショア金融をテコに発展した英国の強固な国際金融ネットワークも健在だ。クロスボーダー貸し付けや外国為替取引、外国債券取引などロンドンがシェアで世界首位に立つ分野での地位が急に揺らぐことも考えにくい。

むしろ金融機関の当事者は英・EUが意地を張り合い、摩擦が続くことが両者を敗者に追いやる可能性があると見る。20年9月にベルリンで開かれた金融規制を話し合うユーロフィのフォーラムでは銀行幹部らが相次いで「英・EUが規制の論争を続ければ、欧州域外に本籍がある投資家や金融機関は米国やアジアに資本を次々と移すだろう」と指摘した。

英・EUがどれほど金融協力を深めるのか？　という論点は、両者にとって中長期な課題として残り続ける。ある邦銀幹部は筆者にこう本音を語った。「欧州はアジアやニューヨークに比べてただでさえ収益率が悪い。英・EU間の摩擦や規制の大きな乖離は欧州拠点の金融機関に非効率性やコスト高をもたらすだけだろう」。

3　「テムズ川のシンガポール」実現は微妙

英国固有の強み、「企業寄り」政策は残る

ＥＵ市場へのアクセスが弱まっても英国が持つ欧州他国に比べた固有の強みは残り続ける。元ＥＵ経済金融委員会委員長のトーマス・ヴィーザー氏は「欧州でどこかの会社を買収し、法律家と銀行と会計士が必要ならばロンドンに行くべきだ。そこで全てが手に入る」と語った。法律家や会計士などのビジネスサポート事業のインフラが豊富で、英語が公用語という強みはＥＵ離脱にかかわらず維持される。資本や人の多少の流出はあっても世界指折りの金融都市という地位も崩れないだろう。

さらに図表４－５にあるように欧州の他の国と比較して、法人税や社会保険料負担など事業継続に関わるコストや規制が企業寄りであるという点も今後とも変わらないだろう。

Brexit の強硬離脱派の産業政策は「離脱でＥＵの単一市場へのアクセスを失うデメリット

図表4-5　欧州主要都市と東京の拠点立地コストの比較

	英国	ドイツ	オランダ	フランス	日本
	ロンドン	デュッセルドルフ	アムステルダム	パリ	東京
法人実効税率	19.0%	29.9%	25.0%	28.0%	29.7%
社会保険料雇用主負担	13.8%	20.7%	21.0%	44.1%	15.2%
同　従業員負担	12.0%	19.3%	27.7%	20.5%	14.5%
賃金上昇率（19年）	3.4%	2.0%	2.4%	2.1%	0.3%
駐在員借上住居費（月額ドル、100㎡換算）	3,285	2,392	2,327	3,974	2,554
日本への配当金課税（最高税率）	10%	15%	10%	10%	—
調査時期	2020年8-9月			2020年9月	20年12月～21年2月

（出所）ジェトロ、東京都資料などより筆者作成

はあるものの、その分、EUの法体系から分岐して、大胆な減税や規制緩和で投資先としての魅力を高めて競争力をつける」というものだ。大幅減税に加え大胆な規制緩和を実現し、これを歳出削減に基づく「小さな政府」が運営することで「テムズ川のシンガポール」を目指すといったスローガンも聞かれた。

ただ欧州他国より優れた固有の強みや拠点立地コス

トの優位性は維持できる可能性が高いものの、それをさらに高められるかどうかはやや微妙だ。それは英ＥＵで結んだＴＣＡ（貿易協定）の中にそれを阻害する可能性がある条項が入っているためだ。

完全なフリーハンドは得られず

ＥＵ・英国のＴＣＡ交渉で「英海域での漁業権問題」に並んで紛糾したのが、英国が補助金行政や雇用制度、環境規制などの産業政策でＥＵルールに合わせる「公正な競争の確保」いわゆるレベル・プレイング・フィールド（ＬＰＦ）の問題だった。

ＥＵは英国が世界最大の単一市場にアクセスし、関税ゼロの恩恵を受けるなら「産業政策で『将来にわたって』ＥＵルールに準拠するべきだ」と英側に訴えた。例えば、ＥＵが環境規制を強めれば、英国もそれに追随する義務を負うという仕組みだ。もし違反があれば、報復関税などで一方的に制裁できる仕組みも求め、紛争の解決も英側が嫌う欧州司法裁判所が担うという案を主張した。ＥＵ側には、英国が移行期間が終わった完全離脱後に企業寄りの政策に旋回して競争力をつけるのではないかという警戒感があった。もちろん、こうした案に英側は「主権の回復からはほど遠い」と猛反発した。

最終的なＴＣＡの合意では、英国が強制的にＥＵルールに追随する枠組みや紛争発生時の欧州司法裁の関与は見送られた。英国が「一定の産業政策の主権を手にした」と評価できる内容といえる。

ただ完全にフリーハンドというわけではない。政府補助金に関しては英・ＥＵ双方が独自の制度を持つことで合意した。ただ相手の補助金によって自らの産業が甚大な損害を被った場合には、一方的かつ迅速に制裁関税などで対抗措置をとることができるようにもした。対抗措置をとられた側は仲裁組織に異議申し立てできる仕組みも入った。これはＥＵがカナダや日本のＦＴＡで課している同種の条項よりも、規制を調和させる力が強いとみられている。

雇用政策や気候変動を含む環境規制では、「現状の共通の水準を維持する」と約束した。どちらかが約束を破って産業規制を過度に緩めた場合に、是正や仲裁を求めるための専門家委員会の設置も決めた。ここでも問題がこじれれば、制裁関税の発動やＴＣＡの一部停止などに至る可能性がある。

ちなみに税制では経済協力開発機構（OECD）で合意された基準へのコミットメントが示されただけで減税そのものに目立った規制はかかっていない。ただ新型コロナ対策の大規模財政支出を補うため、むしろ英政府は21年現在で19％の法人税率を、23年に25％に引き上げる決断を下している。国際的にもOECDで企業向け税制の最低税率を定める議論が進むなど、減税競争を終わらせる方向になっている。

このように過度に規制緩和に踏み切ればEUが対抗措置に乗り出す仕組みがTCAに内在され、しかも大胆な減税を講じる財政余力は乏しくなっている。本当に英国がフリーハンドに「テムズ川のシンガポール」を目指せるかどうかは微妙だ。英国経済は貿易など経常収支の赤字を資本収支の黒字で埋める構造のため、英国への対内投資は非常に重要な意味を持つ。企業誘致のために独自の大胆な規制緩和や産業政策を打ち出したいところだが、過度に企業寄りに規制を緩めてEUと反目し合えば市場の不確実性が高まって、投資先としての「信頼」を失う。対EUでの「競争と調和のバランス」が重要になる。

英政府は20年11月に50年までの温暖化ガス排出実質ゼロを実現するための投資計画「グリーン産業革命」を発表した。ここでは洋上風力や電気自動車（EV）、原子力発電などへの投資を進め総額120億ポンド、最大25万人の高度人材の雇用創出を掲げている。金融街シティの立地を生かしてフィンテック企業への研究開発税制、豊富な実証実験を誘発する規制緩和なども進める方針だ。こうした環境やデジタル金融分野で海外からの投資を呼び込みながら技術革新を促し、英国の経済成長をけん引させる——こんな戦略が、オーソドックスながらも今後の同国の針路になりそうだ。

コラムⅡ　ボリス・ジョンソンという男

英国に「マーマイト」という伝統の発酵食品がある。独特の臭気と味で英国人の間でも好き嫌いが分かれるのだが、ジョンソン氏もしばしば「マーマイト」と呼ばれる。

独特のボサボサ頭にダイエットしてもなお小太りの風貌は、明らかに過去の英国の首相のイメージとは異なる。2回の離婚歴や女性スキャンダルに「私生活がだらしない」との批判も強い。イスラム教徒の女性が全身にまとうブルカを「銀行強盗」や「郵便ポスト」と称するなど、失言も山ほどある。だが英国各地の遊説でジョークを交えて気さくに有権者に語る庶民くささに「ボリス」とファーストネームで呼ぶファンも多い。

2019年7月、志半ばで辞任したメイ前首相の後継者を決める党首選のテレビ討論で、自らの人間性を問われて「私は困難な状況で、みんなが驚くような結果を出す」と語った。確かにこの言葉に偽りはない。

革新系が強い地域のロンドン市長選では労働党有利と言われたなかで2連勝し、08年から2期にわたり市長を務めた。16年のEU離脱を問う国民投票では、残留がやや有利と言われるなかで、「誇張」や「少々のうそ」も交えたPR戦略で離脱に勝利をもたらした。メイ前政権がデッドロックに陥っていた北アイルランド問題などEUとの離脱交渉もまとめあげ、少し遅れたとは言え20年1月末にEU離脱を果たした。「大一番」での実績は誰もが認めるところだ。

別の意味で驚きを生むことも多い。市長時代にはロンドン五輪関連のパーティーに空中からワイヤーロープを滑り降りてサプライズ登場しようとして失敗し、両手にユニオン・ジャック旗を持ちながらしばらく宙づりとなった。訪日時に興じたタッチラグビーではタックル禁止のルールにもかかわらず、10歳の男の子を押し倒して聴衆の失笑を買った。

常にふざけたような道化師と本当になにかやってくれそうな勝負師の二面性を併せ持つキャラクターがボリスファンを惹きつけ、アンチ・ボリス派はあきれる。

筆者が取材した2019年の党首選の英西部ウェールズでの討論会では、ジョンソン氏の財政拡張的な経済構想に伝統的な保守党員が「財源はどうやって確保するのか」と聞いた。するとジョンソン氏はこう答えた。「とても良い質問だ。それは大事な話なので、あした以降の遊説で必ず答えよう」。もちろん答える気などない。だが、この答えにボリス・シンパは膝を叩きながら笑って彼をたたえるのだ。

米国のトランプ前大統領と親交が深く、「英国のトランプ」とも呼ばれるが、若い頃のキャリアはエリートコースのど真ん中を歩んでいる。英名門イートン校からオックスフォード大に進んで古典を学んだ。その後、ジャーナリストとして反EUの右派的論陣を張ったが、市長時代には移民に寛容な政策を採るなど、どちらかというとリベラル派だった。それゆえ「日和見主義」との論評もつきまとう。

家柄は18世紀の英国王ジョージ2世やオスマン帝国（現トルコ）の閣僚を先祖に持つなど

まさに名家。欧州議員だった父スタンレー氏と前下院議員の弟ジョー氏、ジャーナリストの妹レイチェル氏はいずれも親EU派だ。このためジョンソン首相の反EU的な姿勢も「政治的に脚光を浴びるため」とか「強い信念はない」との見方が消えない。

20年4月には感染した新型コロナの症状が悪化して集中治療室に入り、英首相官邸が「万が一」に備えるほどの死線を彷徨った。1カ月で公務復帰できたのは不幸中の幸いだったが、コロナの初期にジョンソン氏は記者会見で「手を洗えば大丈夫」と語り、激励のつもりで患者と握手したりと軽率な行動を繰り返していた。その結果、自ら感染して苦しんでしまったり、国民の同情を集めたりするのもいかにもボリスらしい。

ジョンソン首相誕生直後の地下鉄の駅のイラスト。一般市民の「ボリス」へのイメージがよくわかる（筆者の妻撮影。2019年7月）

チャーチル元首相を信奉し、市長時代には伝記を1冊仕上げた。特に歴史を変える力に感銘を受けているという。ＥＵ離脱という「大事業」はなし遂げたが、その歴史の評価はまだ定まっていない。ＥＵ離脱が過去の英国の栄華を取り戻す「グローバル・ブリテン」の第一歩となるのか、それとも英国分裂の引き金を引いた首相として記憶されるのか、その評価はこれから決まる。

インタビュー③　英国際貿易相　エリザベス・トラス氏

「ＴＰＰは２０２２年中に合意を目指す。中国の加盟には同国の改革必要」

――英国は21年６月から環太平洋経済連携協定（ＴＰＰ）加盟11カ国との交渉を始めました。合意はいつごろになりそうですか。

「英国は日本が議長を務めるＴＰＰの作業部会とともに交渉を進め、関税などの市場アクセスの議論は11カ国と個別に行う。交渉は年単位ではなく数カ月単位になると思う。２０２２年中に結論が出ることを希望している」

――農産物や畜産品の市場開放など英側の妥協を求められる部分もあります。交渉が難航することはないでしょうか。

「交渉で起こりえる問題に対応できるよう、我々は多くの時間をかけて備えてきた。我々はＴＰＰ加盟国のオーストラリアと２国間の自由貿易協定（ＦＴＡ）の合意にこぎ着けている。これは私たちがいかに市場アクセス交渉に真剣に取り組んでいるかを示すものだ。ＴＰＰでも市場アクセスの交渉は順調にいくと思う」

――米国との２国間ＦＴＡ交渉は難航しているように見えます。２０２２年末までに英国のＦＴＡカバー率を80％にまで高める政府目標の達成は難しくないですか。

「英米間には強い協力関係がある。21年６月には米欧航空機メーカーへの補助金を巡る紛争を休戦し、英国名産のスコッチウイスキーなどへの報復関税を停止することで合意できた。米英ＦＴＡの可能性についても引き続き協議をしている。ただ協定は両者に適切なものである必要がある。我々はすでに（全貿易額に占める）ＦＴＡカバー率を64％まで上げているが、80％達成のスピードのために協定の質を犠牲にするということはない」

――他の加盟国とは国家体制がかなり異なる中国もＴＰＰ参加を目指しています。中国の

Elizabeth Truss　英オックスフォード大卒。2010年に英議会下院に当選後、環境・食料・農村相や司法相を歴任し、19年7月から現職。日英EPAやTPPなど「英EU間の協定」以外の通商交渉の全てを統括する。女性政策の閣僚も兼務。1975年生まれ。

ＴＰＰ参加は可能だと思いますか。

「中国は不透明な政府補助金や進出企業に対する強制的な技術移転政策、強制労働などの問題がある。ＴＰＰの取り決めは世界貿易機関（ＷＴＯ）のルールよりも透明性や基準が高い水準にある。（ＴＰＰ参加には）中国はもっと努力し、ＷＴＯルールを守る必要があるだろう」

――20年末の完全 Brexit 後でも、英国とＥＵの間で北アイルランド問題などで摩擦が続いています。英ＥＵ間で関係改善の必要性はありませんか？

「北アイルランド問題は英政府の担当閣僚がＥＵと協議を続けている。我々はＥＵに対し、北アイルランド議定書の実行が両者にとって可能になるような現実的な解決を求めている。一方で国際貿易の面では、紛争解決システムの再生や政府補助金の適正化といったＷＴＯ改革が望まれている。こうした面では英国は国際貿易を機能的にする取り組みとしてＥＵと緊密に協力している」

――保守党支持者向けサイトなど同党支持層の間で、トラスさんは最も評価の高い閣僚の一人です。将来、ポスト・ジョンソン首相を目指す意思はありますか？

「英国はＥＵ離脱により、およそ50年ぶりに日本や豪州といったＥＵ域外との貿易協定を結べる今までと違う局面にある。今はその国際貿易相という仕事を大変楽しんでいる。日本のような親密な友人と協力して英国の将来の貿易政策をかたち作り、英国をデジタルサービスや製造業の世界のハブにするために、24時間、国際貿易のことばかり考えている。他のことは何も考えていない」（２０２１年6月取材）

第 5 章

「インド太平洋重視」の勝算

英国開催のG7サミットの記念撮影でポーズを取るジョンソン英首相（前列中央）とバイデン米大統領（前列左）ら（2021年6月、英コーンウォールにて）（代表撮影／ロイター／アフロ）

1　誤算重なった Brexit 後の英外交

Ｇ７、ＣＯＰ26で「グローバル・ブローカー」

　ここまで英国解体の引き金となり得るスコットランドや北アイルランドの実情を概観し、ＥＵと結んだ貿易協定に基づく英国経済の行く末がそれにどう影響を与えるのか見てきた。それらを踏まえて、この章では、ＥＵ離脱後の英国外交の方向性について探ってみたい。

「私たちＧ７がしなければならないこと、それは民主主義や自由の恩恵を、他の世界の国々にも示すことだ」。英南西部のリゾート地コーンウォールで行われた２０２１年６月のＧ７首脳会議（サミット）の閉幕記者会見で、議長を務めたジョンソン首相はＧ７を代表した見解を高々と訴えた。

　サミットの首脳宣言では権威主義を強める中国を意識したＧ７の目標や方針がずらりと並んだ。中国の新疆ウイグル自治区での人権侵害や香港での民主化運動への締め付けを批判して「人権や基本的自由を尊重」するよう訴えた。途上国のインフラを支援しつつも相手国を借金漬けにしているとの批判がある中国の「一帯一路」構想に対抗し、「上質で透明性の高い」インフラ投資の枠組みをつくることでも合意した。Ｇ７で10億回相当のコロナワクチンを途上国に支援することでも一致した。これにも台湾と国交のある国には提供しないなど、ワクチンを外交戦に使う中国へのけん制の狙いがある。

米国で国際協調を重んじるバイデン政権が誕生して初めてとなる21年のＧ７サミットでは、特に７カ国が対中けん制を含む国際的な課題で結束を示せるかどうかが最大の焦点だった。と、いうのもトランプ前米大統領時代のＧ７サミットは自由貿易や気候変動を巡って亀裂が目立ち、毎年まとめてきた首脳宣言が出せないなど「やらない方がマシ」という声も聞こえるほど形骸化していたからだ。ジョンソン政権は、21年秋には第26回国連気候変動枠組み条約締約国会議（ＣＯＰ26）でも議長を務める。ＥＵを完全離脱した直後の同政権にとってＧ７サミットとＣＯＰ26は外交アピールの格好の場。その第１関門となるサミットは、対中姿勢に多少の温度差はあったもののＧ７の結束復活の演出には成功し、まずは合格点だったといえるだろう。

ジョンソン政権はサミットの1年以上前からＥＵ離脱後の外交アピールの場となるＧ７サミットでの舞台作りを着々と準備していた。その一つが中国やロシアなど権威主義国家の台頭に政治、経済両面で対応するため、民主主義諸国の結束の輪をＧ７以外の国に広げる「Democratic（民主主義）11構想」、略してＤ11構想だ。Ｄ11とはＧ７諸国プラス韓国、オーストラリア、インド、南アフリカを指す。当初は、地域的にアジア・オセアニアにない南アフリカを除いたＤ10と呼ばれていた。

Ｄ10構想が勢いを増したのは２０２０年４月ごろ。新型コロナの初期段階での中国の情報隠蔽が欧州でのパンデミックにつながったといった疑念が広がったり、中国依存度が高かったマスクや医療用防護具の供給不足が露呈したころだ。Ｄ10で民主主義国家としての国際政治の連携を深めるだけでなく、生活必需品やレアメタルなど戦略物資の供給網構築など経済安全保障も視野に入れて協力強化を図るべきとの構想だった。中国業者依存が強まり安全保障上の懸念が指摘された高速通信規格「５Ｇ」分野のサプライヤーも、Ｄ10やＤ11の中で育てようという目論見だ。今回のＧ７サミットの首脳宣言で「重要鉱物資源や半導体のような分野で世界的なサプライ・チェーンのリスクに対処する枠組みを検討し、各国で最良の対応策を共有する」といった文言が入ったのもこの構想がベースにある。

インドのナレンドラ・モディ首相は新型コロナの影響でオンライン参加となったものの、韓国、オーストラリア、南アフリカのD11諸国は今回のサミットにも招待された。一方で英政府のG7関係者は、G7の枠組み拡大で「アジアで唯一のG7国」としての存在感が弱まることを警戒する日本を安心させるように、「D11をG7に代わる枠組みにする意図はない」と言い続ける配慮も見せていた。

政権の政策立案にも影響を持つ英有名シンクタンクのチャタムハウス（王立国際問題研究所）は、EU完全離脱後の21年1月に出した外交政策のレポートで、EU完全離脱後の英国について、EU域外の国とも連携を強め、民主主義の保護や気候変動対策などで国際社会の仲介役を担う「グローバル・ブローカー」として影響力を高めるべきと指摘した。「議長を務めるG7とCOP26はその最初の重要なテストになる」とも言及している。EU離脱からG7サミットまでの流れを見ると、まさに英国はこれを着々と実行しているようにみえる。

消えた対中FTA構想

ただEU離脱後の外交戦略は必ずしも首尾一貫していたわけではない。むしろ誤算もあった。長期的にみていちばん振れ幅が大きいのが対中政策だろう。

いまや欧州で最も厳しい対中強硬派となった英国だが、2018年7月には中国の王毅外相が当時のジェレミー・ハント英外相に Brexit 後の自由貿易協定(FTA)に関する協議を提案するほど関係は近かった。翌月の鍾山商務相とリアム・フォックス国際貿易相(ともに当時)の会談でも「第一級のFTAを締結する可能性を巡って協議すること」で合意した。

キャメロン政権時代には対中関係は「黄金時代」と呼ばれ、2015年の習近平国家主席の訪英の際にはパブでキャメロン首相とビールを飲むなど蜜月関係が続いた。中国主導のアジアインフラ投資銀行(AIIB)に主要7カ国(G7)で最初に参加したのも英国だった。中国企業による英国内の原子力発電所への出資や鉄鋼大手の買収など基幹産業での結びつきも強まった。

フォックス氏ら強硬離脱派は今も昔も「EUを出ても、アジアの成長を取り込むことで英国は繁栄する」と訴えているが、少なくともFTAの話が出ていた18年時点ではここで言う「アジア」の中核は中国だったはずだ。

ところが20年に入って情勢は急変した。前述のように中国の新型コロナの対応への疑念が急速に広まり、対中懐疑論が台頭。与党・保守党内に対中強硬議員数十人による「中国調査グループ」が結成され発言力を持つようになった。さらに6月末に中国政府が、英国が宗主国だった香港の統制を強める国家安全維持法を制定したことで、とどめの一撃となった。それ以来、英中関係の悪化は歯止めがかからない。

図表5－1は2015年以降の英中関係をまとめたものだが、英政府が20年夏以降、矢継ぎ早に中国けん制を目的にした政策を次々と打っているのがわかる。特に20年7月の高速通信規格「5G」分野での中国通信機器大手・華為技術（ファーウェイ）の排除の決定や、新疆ウイグル自治区での強制労働に関係した製品の流入阻止（21年1月）、さらに安全保障上重要な分野の企業買収を規制する国家安全保障・投資法の成立（21年4月末）などは経済分野での中国切り離しを辞さない英政府の構えが鮮明になっている。

図表5-1　最近の英中関係の動向。2020年から急速に悪化した

2015年　3月	キャメロン政権下で西側諸国で初めて中国が主導するアジアインフラ投資銀行（AIIB）へ参加表明
10月	中国の習主席が英国公式訪問。英中「黄金時代」を演出。原発事業への中国の出資確認
2016年　8月	メイ首相が中国の英原発プロジェクトへの参加承認を延期。中国側がけん制
9月	中国の原発プロジェクトへの参加を条件付きで承認
2017年　1月	米国でトランプ米政権誕生。中国への圧力強まる
2019年　7月	ジョンソン英政権誕生
2020年　1月	英政府が原子力や軍事施設など安全保障に関わる分野からファーウェイを排除。基幹ネットワーク以外では35％を上限にリスクのある企業からの調達容認。ファーウェイを全面排除せず
3月	英国で新型コロナが本格的に感染拡大。英国内に中国の初動や情報隠しに疑念の声
4月	与党・保守党に対中政策を懐疑的に分析する「China Research Group」発足
6月末	中国が香港国家安全維持法を施行。反政府的な動きを取り締まる
7月	英政府が英市民権取得に道を開く香港居住者の受け入れを正式発表
7月	英国が21年以降はファーウェイ製品の新規調達を禁止し、27年末までに5G分野から同社製品を完全排除決定
2021年　1月	香港居住者受け入れのための特別ビザの申請受付を開始
1月	英国が新疆ウイグル自治区での強制労働に関係した原材料や製品の排除を発表
2月	英国が中国国際テレビの放送免許を取り消し。中国共産党が最終的な編集権を握っていると認定
3月	新疆ウイグル自治区でのウイグル族への扱いが人権侵害にあたるとして中国当局者を制裁。米国、カナダ、EUと足なみ
4月	英国の安全保障に関わる投資や買収について政府への事前の届け出を求める「国家安全保障・投資法」が成立

もはや「黄金時代」「英中ＦＴＡ」という言葉は完全に雲散霧消した。英国にとって第４位の貿易相手の中国を、ＥＵ離脱後の連携相手に加えられなくなったのは誤算の一つといえるだろう。

「特別な」対米関係でも誤算

もう一つ、英側が好んでそう呼ぶ同盟国・米国との「特別な関係」でも誤算が起きた。もともとＥＵを離脱したことで米国にとっての英国の「利用価値」は下がるのは自明だった。英国の元外務次官で北大西洋条約機構（ＮＡＴＯ）の英国大使も務めたピーター・リケッツ氏は２０２０年11月の筆者の取材に「英国は、ＥＵに加盟していた40年間は外交的にも政治的にもＥＵに影響を与えることができたため米国にとって『役に立つ』存在だった。だが今や英国はＥＵへの影響力も情報収集の力も持ち合わせていない。ワシントンにとっての英国の有用性が下がることは避けられないことだ」と指摘した。英国がＥＵの玄関口としての役割を失う影響は大きいとの分析だ。

それでもジョンソン首相と親交があるトランプ政権が続く場合には、緊密な米英関係は続くとみられていた。トランプ氏は「英国のトランプ」とも呼ばれたジョンソン氏を「大好きだ」と公言し、首相に就任する直前には「彼は素晴らしい仕事をするだろう」とラブコールを送っていた。２０２０年1月末の英国のＥＵ離脱直後、両者は早期の米英ＦＴＡの合意で一致していた。新型コロナの感染拡大前までは、英政権内でトランプ大統領の退陣はメーンシナリオではなかった。

だが11月のバイデン氏の大統領選の当選確実で流れは大きく変わった。アイルランド移民の子孫のバイデン氏は北アイルランド問題を再燃させかねない Brexit にはもともと批判的だ。ジョンソン氏のことを「見た目も感情もトランプ氏のクローン」と批判したこともある。英外務省の関係者はバイデン氏の大統領就任前、「ジョンソン首相とバイデン氏は今までに会ったことも話をしたこともないはずだ」と頭を抱えていた。

当然、英国の通商戦略にも影響が出る。バイデン政権は「米国の労働者やインフラに対する大規模投資が実行されるまで、新たなＦＴＡには署名しない」（ジャネット・イエレン米財務長官）方針で、早期の米英ＦＴＡの締結の見込みは一気に薄くなった。それどころか、仮に米国が通商交渉に復帰したとしても米英ＦＴＡは後回しになる可能性がある。リケッツ氏は「バイデン氏はトランプ氏が離脱を決意した環太平洋経済連携協定（TPP）への復帰と、対EU貿易協定の交渉を優先するだろう。我々は順番待ちの列で待機する必要がある」と予測した。対中政策や安全保障など基本的な米英関係には問題はないものの、2国間貿易協定など新たな関係強化でバイデン氏とジョンソン氏が温かい関係になることはない――というのがリケッツ氏の見立てだ。

トランプ政権は気候変動問題を軽視したり、5Gネットワークから中国の通信大手企業を追い出すよう執拗に圧力をかけたりするなど必ずしも全てジョンソン政権と折り合いが合ったわけではない。それでもケミストリー（相性）が合ったトランプ氏の失脚は、EU離脱後の外交戦略と言う点で誤算の一つだったのは間違えない。

21年の6月のG7サミットに合わせた米英首脳会談では、民主主義陣営の建て直しというビジョンが一致し、覇権主義諸国と対峙するための行動指針となる「新・大西洋憲章」で合意した。オリジナルの大西洋憲章は第2次大戦下の1941年に両首脳が信奉するフランクリン・ルーズベルト米大統領とチャーチル英首相が結んだもの。その後の国連や北大西洋条約機構（NATO）の創設につながった歴史的な文書だ。ただ新たな憲章を結んだ2人が80

年前の偉人と並ぶような、歴史的な関係を構築できるのかは定かではない。

2 国民の支持集まらぬ「インド太平洋」への傾斜

中国は「経済安全保障上の国家的脅威」

こうしたEU離脱に伴う英国自身の戦略の変化や、中国の台頭など地政学的な急変を受けて英政府は2021年3月、今後10年にわたる英国の外交・安全保障の基本戦略をまとめた「統合レビュー〜競争時代の中のグローバル・ブリテン〜」を発表した。

図表5－2が100ページ以上に及ぶ統合レビューの主な内容だ。この中で中国を「英国や同盟国に挑戦する違った価値観の覇権主義の国」と定義したうえで「英国の経済安全保障上、最大の国家的な脅威」と指摘した。とりわけ南シナ海での海洋進出や香港の自治の侵害、さらには民主主義への挑発的な言動などを問題視した。ただロシアを「なお最も深刻で直接の脅威がある国」と指定する一方で、貿易面や気候変動では中国との協力を続けるべき

図表5-2 英国の外交・安全保障の方針「統合レビュー～競争時代の中のグローバル・ブリテン」主なポイント

- ▼国際秩序を再定義。自由な国際秩序を損なう脅威に対応し、民主主義と人権のために立ち上がる
- ▼中国の影響力の拡大や世界の地政学の大きな変化、インド太平洋の重要性の高まり、民主主義と権威主義の対立など変化する国際環境への適応が必要
- ▼向こう10年、他の欧州諸国よりもインド太平洋地域との関係を強める。同地域は経済、安全保障の両面で死活的に重要な地域。TPP加盟やASEANとの関係強化に取り組む
- ▼NATOやファイブ・アイズ、同盟関係などの面で米国が最も重要な2国間関係であり続ける
- ▼ロシアが最も差し迫った直接的な脅威であることは変わらない
- ▼権威主義国の中国は英国の経済安全保障上の最大の脅威。新疆ウイグル自治区や香港への統制の強化を批判。気候変動や貿易・投資の協力は続ける
- ▼2022年末までに貿易額に占めるFTAカバー率を80%に引き上げる
- ▼「20年代半ばまでに180発」とする核弾頭の上限目標を撤回。上限を260発に引き上げ、核保有国や新興勢力に対抗

と明記した。中国をロシアのような敵対国には、まだ位置づけていない点は念頭に置く必要がある。

一方でレビューの中で何度も改めて強調されているのが「インド太平洋地域への傾斜」だ。「2030年までには世界の多極化はさらに進み、世界の地政学的・経済的な重心がインド太平洋地域に移っていく」と強調した。この文脈の中でTPPへの加盟や東南アジア諸国連合（ASEAN）との連携強化もうたっている。

英国の今後のアジア政策の狙い

を大ざっぱに要約すれば、世界のＧＤＰの60％に達するインド太平洋地域の成長を経済面で取り込みつつ、安保面では同地域の航行の自由の維持に貢献する。これにより、地域の安定と円滑な貿易を維持する――という経済と安全保障の両面をにらんだ戦略だといえる。もちろん対中けん制の要素も、海洋進出を図る中国に対する「航行の自由の維持」という文脈で入ってくる。

この象徴となるのが２０２１年5月からの、最新鋭空母「クイーン・エリザベス」を中核とする空母打撃群のインド太平洋地域への派遣だ。７カ月間の全行程で40カ国以上を回り、日本の自衛隊や韓国軍、米軍との合同演習も予定している。打撃群は３０００人規模の大所帯だ。

英当局者は空母の派遣について「中国との対立をあおるものではない」と口をそろえるが、対中けん制の狙いがあるのは明白だ。英外務省でアジア外交を担当する副大臣級のナイジェル・アダムズ閣外相は21年3月の筆者のインタビューに、空母打撃群と他国との共同演習について「航行の自由の確保のために非常に重要だ」と指摘した。そのうえでインド太平洋地域について「英国の貿易や投資に大きなチャンスがある地域だ」と語った。

Brexit でEU域外での成長市場の取り込みが急務となるなか、地域安保に関与する姿勢を示すことで、アジア各国の信頼と経済成長の果実の双方を得たいという思惑がにじむ。

もっとも、安保と経済の両面でアジア地域の関与を強める戦略を掲げるのは英国だけではない。たとえばフランス軍は21年5月に自衛隊と米軍による共同訓練を鹿児島県と宮崎県にまたがる霧島演習場で行った。陸上自衛隊がフランス陸軍と国内で訓練するのは初めてで、対中けん制のための多国間の連携をアピールする狙いがあるのは確実だ。フランスは太平洋に海外領土を抱えており、インド太平洋地域の情勢にはもともと英国以上に敏感だったといえる。

「スエズの東への回帰」、実効性は未知数

EU離脱後の経済外交政策も見据えて「インド太平洋重視」を打ち出した英国の戦略は「スエズの東への回帰」と呼ばれることがある。

エジプトのナセル大統領のスエズ運河国有化に端を発した1956年の第2次中東戦争（スエズ戦争）で敗れた英国は、その後10年ほどアジア地域に英軍を駐留させていたが、そ

の維持が英経済を圧迫し始めていた。このため1960年代後半~70年代前半にかけてマレーシアやシンガポールの撤兵を相次いで表明した。かつてアジアを支配した大英帝国の残像が完全に消えた節目とも言われている。

こうした経緯からインド太平洋への傾斜を「スエズの東への回帰」と呼ぶのは、かつての大英帝国の栄華を回顧する保守派に多い。今回の空母クイーン・エリザベスを中心とした空母打撃群のアジア派遣は「スエズの東への回帰」の第一歩ともみられている。

だが今の英国が安全保障面でどこまで実効性を持ってインド太平洋地域に傾斜できるかは未知数だ。図表5−3は英国防省公表の英軍の兵隊と国防省職員の全世界での配置数を示している。この統計で「アジア」「オセアニア」に分類されている地域を「インド太平洋」地域と考えた場合、2020年4月現在で英軍と国防省全体の人員の0・5%しかいない。在外兵力・職員でみた比率でも1割ほどだ。ちなみに米軍は在外米軍の49%を東アジア・太平洋地域に割き、その比率は対中けん制の流れを受けて増え続けている。

保守党政権内ではアジアで駐留英軍を増強したり、前線基地を新設したりする案も一時期浮上したが、その場合でも財源の壁にぶち当たる。スウェーデンのストックホルム国際平和

図表5-3　英軍と国防省の人員の配置

	2012年		2020年	
	兵力	文民	兵力	文民
全世界合計	179,800	71,010	145,320	58,250
英国内	156,970	57,340	139,250	51,830
欧州	20,660	8,390	3,830	2,670
内、ドイツ	16,990	5,800	540	710
アジア	**260**	**1,860**	**270**	**730**
オセアニア	**60**	**10**	**60**	**10**
中東・北アフリカ	340	90	470	140
アフリカ南部	230	660	310	560
北米	830	160	990	190
中米・カリブ	10	60	30	140
南米	60	40	80	40

（出所）英国防省のAnnual Location Statistics。2020年4月

研究所（ＳＩＰＲＩ）の世界の軍事費統計によれば、英国の２０２０年の軍事費は５９２億ドルで世界第5位。日本（４９１億ドル）より２割多いが、米国の１割にも満たない。

英政府は地政学上の脅威が高まっているとして21年からの４年間で、従来の予算の１割強の増額となる２４０億ポンド（約３４０億ドル）を軍事費に追加投資することを決めた。英政府は「30年ぶりの

大規模な軍事費の増額」と説明するが、これは主にサイバー部隊の新設や偵察用衛星など新たな軍事インフラに投じられる。逆に陸軍は25年までに3500人削減される予定だ。

もちろん中国の脅威に直面する日本にとって、大規模な英国の空母打撃群が「準同盟国」の日本近海を航行し、自衛隊と共同演習を行う意義は大きい。ただ英国の安全保障上の「インド太平洋へのシフト」が人員や基地の増強を伴うような、恒常的に実効性のあるものになるのは難しい。ウォレス国防相は21年7月に、インド太平洋地域に艦艇2隻を常駐させる方針を示したが、寄港先など友好国のバックアップが欠かせない。

インド太平洋への傾斜、国民の支持は低い

英国の一部の安全保障の専門家からは、英国のインド太平洋への関与について「近隣にロシアという現実的な脅威がある中、アジア地域に戦線を拡大するべきではなく、安保の負担を友好国と分担すべき」との意見もある。英国の一般市民はどちらかというとこの考え方に近いようだ。

英国の外交問題シンクタンク British Foreign Policy Group は、21年1月に英市民

図表5-4 英国民は政府の対中警戒モードは共有しているが、「アジア太平洋重視」には共感していない（外交シンクタンクBritish Foreign Policy Groupの2021年1月の調査）

■中国

○中国は英国にとって最大の脅威 20年30%→21年41%
○中国とのいかなる関与や関係も望んでいない 15%
○香港の統制強化やウイグルでの人権侵害を非難する政府を支持 40%

■外交戦略全般

○「インド太平洋が英国の外交政策の中心であるべき」 8%
○「アジア太平洋地域への傾斜に疑問」 37%

■対EU関係

○「最も重要な外交はEUとの関係だ」 53%

■信頼する国・地域は?

	2021年	2020年2月
米国	47%	43%
カナダ	88%	89%
中国	22%	21%
日本	67%	59%
EU	62%	60%
インド	51%	40%

2000人から聞いた外交政策に関する世論調査結果を公表している（図表5－4）。それによると「中国を英国にとっての重大な脅威と認識」しているのは41%で、前年20年の30%から増加した。香港での政治的弾圧や新疆ウイグル自治区での人権侵害などで中国政府を非難する英政府の姿勢には40%が「支持する」と答えた。中国を信頼するという回答も22%にとどまっている。対中けん制を強める英政府の姿勢と市民の見方はかなり近づいてきているとみてい

い。

一方で「インド太平洋が英国の外交政策の中心であるべきだ」との回答はわずか８％で、逆に「最も重要な外交はＥＵとの関係だ」が53％に達した。市民はＥＵ離脱をきっかけに世界の成長センターのアジアへの関与を強めるジョンソン政権の戦略に賛同していない。

軍事面でもインド太平洋地域での中国の進出を封じ込めるために英国の防衛資源を配備することを支持したのは18％にとどまった。逆に39％の市民が英国の軍備の使用は「英国への直接攻撃」「海外の英国資産への攻撃」「大規模な人道危機」の３つのシナリオに限るべきと答えている。安全保障面でインド太平洋地域におけるプレゼンスを高めることは、国民の支持稼ぎという観点ではポイントにならなそうだ。

英政権が掲げる「グローバル・ブリテン」や「インド太平洋への傾斜」はスローガンとしては格好がつくものの、一般市民にはまだその実態と狙いがいまいちピンと来ていない。しかも市民の過半数はなおＥＵとの関係修復が大事だと考えている。

一方でインド太平洋への関与によって、ＴＰＰなどを通じて英経済を底上げしたり、気候変動分野での野心的な世界での取り組みなどにつながれば、英国の国家と国民の両方の利益となる。政権が丁寧に長い目で見たアジア関与の必要性をアピールし続け、さらに目に見える結果を出せるかどうか。それが英国の新外交戦略への国民の支持につながるかどうかを左右する。

3 日本にはチャンス? 深まる「準同盟」関係

日本は英国のライク・マインディド・カントリー

では、完全Brexit後の日英関係はどうなっていくのだろうか。

2020年6月、英国が日本と新たな経済連携協定(EPA)交渉をスタートさせた日に、筆者は第4章で紹介したトラス国際貿易相にインタビューした。そのとき、トラス氏は「なぜ日本と優先的に貿易協定交渉に臨むのか?」それは同じ自由貿易の旗を掲げ、同じ民主主義の価値を重んじるlike minded country(価値観を共有できる国)だからだ。私たちは中国とも貿易は続けるだろう。でも彼らは国際的な秩序や法に従う行動を取らねばならないという課題がある」と語った。

英国が同盟国の米国を除いて、like minded country と呼ぶのは、オーストラリア、カナダ、ニュージーランドなど、英連邦内でも友好国に限られる。ＥＵ離脱によりＥＵ以外と関係を強化できる国を増やしたいという英国側の事情はもちろんある。数年前まで蜜月だった中国との関係が急に悪化した反射的側面も大きい。それでも、トラス氏に限らずＥＵ離脱後のジョンソン政権の幹部らが日本との関係を重要視し「準同盟国」としての関係深化の方向に傾いているのは間違いない。

前述の通り、英国は防衛・安保の方針「統合レビュー」で中国を「経済安全保障上、最大の国家的な脅威」としつつも、貿易面や気候変動では中国との協力を続けるべきと明記した。この方針をどう読めばいいのか、筆者が取材したある国際貿易省の幹部の発言がその答えになる。

「私たちは中国との貿易や投資関係は今後も続けていく。急激に減らすなんて非現実的だ。ただ重要なことは、中国に依存しないこと。そして多数の取引先を確保することだと思っている」。この一言に、日本政府や経済界にとって英国でのビジネスチャンスになり得るヒントが含まれている。これから英政府は国家にとっての重要なプロジェクト、情報漏洩や国家安全保障上のリスクが生じる事業には中国を深く関与させないと考えられる。さらに、コロナ禍でのマスクのような非常時の必需物資や、鉱物資源やレアメタルといった戦略産業資源の中国依存を避け、調達先を多様化させるのも間違いない。

すでに英国はこれを行動に移し、日本企業が恩恵を受ける具体例も出始めている。NECは2020年11月に英政府が主導する新通信規格「5G」分野で「オープン・ラン」と呼ばれる技術を使った実証実験に参加した。その前月には日英EPAの署名のために来日したトラス国際貿易相がわざわざNECの遠藤信博会長と会い、英国投資へのラブコールを送った。英政府が同年7月に5G通信網設備から中国のファーウェイを完全排除することを決めたのを受け、その代替調達のパートナーの一つとして日本メーカーに白羽の矢を立てた格好だ。実際に21年6月には英通信大手ボーダフォン・グループからの受注にこぎつけた。

また、20年9月の現地報道によれば、第2章でみた北アイルランド議定書を実行するために、グレートブリテン島とアイルランド島間を移動する品物をチェックするのに必要になる約2億ポンド（約300億円）規模のシステムを富士通が率いるコンソーシアムが受注した。今後も公益性が高い事業を中心に日本企業が英国ビジネスに食い込むチャンスは十分に巡ってきそうだ。

さらに21年6月上旬から本格交渉に入った英国のTPP加盟も日本にとっては追い風だ。英国が掲げるEU離脱後の「インド太平洋への傾斜」の経済政策の目玉はまさにこのTPP。ゆくゆくは米国の復活も誘い、中国の広域経済圏構想「一帯一路」に対抗する経済圏構築につなげたいとの思惑もある。しかも英国は「TPPの主《あるじ》は日本」とみているし、英国の参加はTPP内で最大の経済大国の日本にもメリットは大きい。交渉や手続き面で英国を積極的に支援することは日本の国益にもなるし、英国への貸しにもなるとみるべきだろう。

同盟関係はどこまで深まるか

それでは日英の安全保障面での協力はどうか。日英両政府の複数の関係者は2017年8月のメイ首相の訪日と安倍晋三首相（ともに当時）との会談以来、日英の安保・防衛協力が大きく発展したとみる。英海軍艦船の日本寄港や自衛隊との共同訓練、北朝鮮による違法な

「瀬取り」の監視活動の協力など矢継ぎ早に両者の安保協力は進んだ。この訪日時にメイ氏はNHKへのインタビューで興味深いコメントを残している。

「イギリスと日本はどちらも海洋国家です。私たちは両方とも非常に外向きです。民主主義や法の支配を信じています。私たちは人権を信じています。そのように私たちは非常に似た価値観を持っています。私たちは自然なパートナーであり、自然な同盟国（allies）だと思います」

一部の外交専門家やメディアの間では1902年にロシア封じ込めのために日英が結んだ「日英同盟」以来の「同盟（allies）」への言及だと指摘する声もあった。現実に今の日英関係を「日英同盟復活」と称する声も多い。

もちろん今の日英の関係は日米同盟のように日本の領土を守るために他国からの侵略に対して共同で防衛するという関係ではない。ただ「準同盟の3要件」と言われる①安保上の物資や業務を提供し合う「物品役務相互提供協定」②防衛機密を共有する「情報保護協定」③装備品などを輸出する「防衛装備品・技術移転協定」――は結んでいる。武器の共同開発・研究を行うほか、英軍と自衛隊の連携もさかんだ。

図表5-5　日英準同盟の深化は中ロをけん制する
日米英連携につながる

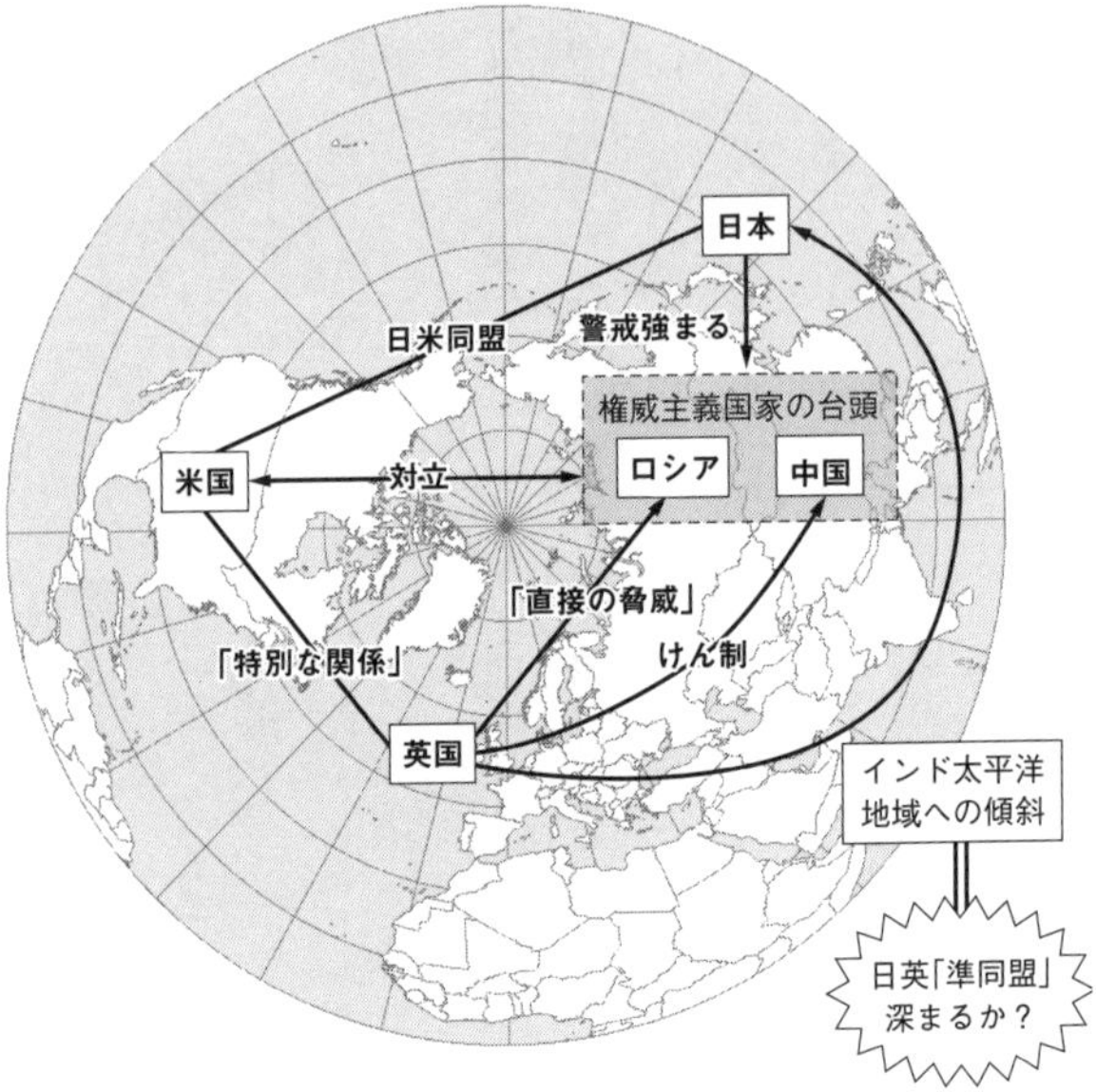

出所：Wikipedia記載の地図をもとに筆者作成

さらにサイバー空間でのサイバー攻撃や、外国国内の混乱を図る情報戦など物理的な衝突を伴わない「現代の戦争」を含めた広い意味での安全保障協力を担えるパートナーに深まりつつある。

インド太平洋地域を俯瞰して眺め直すと（図表5－5）、米国の影響力の低下でユーラシア大陸では中国とロシアという2つの権威主義国家が影響力を増した。Ｇ７をはじめとした民主主義国家がこの地域で国際秩序や自由主義的価値観を守るためにもユーラシア大陸の東端の日本と西端の英国が関係を深めるのは意義が大きい。

ただ日英の呼吸が完全にピタリと合っているというわけでもない。例えば、一時期、米英豪・カナダ・ニュージーランドの５カ国が機密情報を共有する「ファイブ・アイズ」に日本が加入する案が取り沙汰された。ただ日本が本格的な諜報機関を持たないことや日本から提供できる情報の質などが指摘され、いつの間にか立ち消えとなった。もっぱら日本の諜報機能の力不足が指摘されたが、実はある日本の外務省幹部は筆者に「ファイブ・アイズの政治的な動きに即座に追従できない面も大きいんですよ」と耳打ちしてくれた。

最近の中国当局による香港の民主派への締め付けやウイグル族への人権問題ではファイブ・アイズがすぐに連携して非難声明を出すことが多い。人権侵害を犯した他国への制裁が法制化されておらず、人権侵害を認定する証拠を集めるのにも時間がかかる日本は、ファイブ・アイズの政治的な動きやスピードに常について行けるとは限らないという解説だ。

一方で前出のナイジェル・アダムズ外務閣外相は、英国が現段階（２０２１年７月現在）

で日米豪印で構成するインド太平洋4カ国の枠組み「クアッド」に参加する予定はないと語った。「英国にとってロシアは敵国だが、中国はまだ警戒すべき協力相手。クアッド加入で『反中国』の姿勢を決定的にしたくないのでは」とクアッドの関係者は分析する。逆に日本にとってロシアは北方領土返還交渉の相手でもあり、関係悪化は極力避けたいとの立場だ。

とはいえユーラシア大陸を挟む日英の関係深化は、米国も巻き込んだインド太平洋地域における日米英の「3国同盟ネットワーク」につながる。それはこの地域での民主主義陣営の結束や対中けん制を示す強いメッセージになる。ここまで見てきたように日英の安保方針に微妙なずれがあるのは間違いないが、焦る必要はない。EU離脱を機に英国が日本に接近を図っているのは間違いなく、両者の違いを理解し合いしながらじっくりと「準同盟」を深めていくのが双方の国益にかなった戦略となるだろう。

インタビュー④ 元駐日英国大使 デビッド・ウォレン氏

「『日英同盟復活』という言葉よりも、多層な同盟のネットワークこそ有用」

――英国とEUの関係は将来どうなるとみていますか?

「よりよい関係が双方の利益になることは間違いないのだが、政治的側面から予測すると将来の姿は読み切れない。EUの中には Brexit が悪いアイディアだったことを実証して、英国に倣う勢力がEU内で起きないことを確実にしようとしている人がいる。一方で今あるTCAを改良してより現実的で機能的な英EU関係を志向している人もいる。その間でEU内には一定の緊張関係がある」

「一方で英国もEU離脱後の主権国家の姿が明確になっていない。ジョンソン首相率いる保守党内には積極的にEUルールから離れ大胆な規制緩和やグローバル化でシンガポール化を目指す勢力がある。一方でグローバル化が地方の疲弊の元凶だとして充実した政府補助の投入など大きな政府を望む意見もある。この2つの戦略は同時に実行できないが、こうした方針が固まらなければ英国のEUとの向き合い方も固まらない」

――EU離脱以降、英国政府が進めている「インド太平洋地域への傾斜」をどう評価していますか？

「私はインド太平洋地域への関与と同時にEUとの関係を維持することも重要だと考えている。それは日本政府や英国に投資する企業を持つ友好国の政府が、英国と欧州が緊密な貿易・投資のパートナーシップを築くことを望んでいるからだ。今後、インド太平洋地域の信頼を得たいのであれば、EUとの関係改善は英国の評判や魅力を高めるために不可欠な要素だ。つまり『EUを出たから、次はアジア』といったどちらか一方ではないのだ」

「インド太平洋地域への関与を強める政策を安全保障・防衛分野にまで広げたことは良いことだと思う。この地域の平和の安定と経済成長の両面にコミットしていくという点で、英国の影響力を維持することにつながるだろう。とはいえ、英国はこの地域で完全に独立した安全保障上のアクターになることはなく、常に他国の支援を受けて活動することになる。もちろん日本はそのための最重要国で、英政府はこの構想の成否が日本との関係深化にかかっていると認識している。日本もできる限り英国との関係強化の姿勢を続けてくれると確信している」

――覇権主義を強め、影響力を増す中国に日英でどのように対抗すべきだと思いますか。

「『対抗』とか『対立』という言葉は注意して使った方が良い。中国との関係は単純に対立するだけでなく非常に複雑だからだ。日本も含む西側の民主主義諸国にとって中国が安全保障上の脅威であることは間違いない。戦略的に中国から自国を守るには中国との経済関係は保ちつつも、中国と対立した時に輸出や輸入の停止で自国の安全保障や産業が脅威にさらされるようなことがないように、自国経済の強靱性も高めないとならない。言い換えれば西側諸国は中国との一定の経済協力を維持すると同時に、経済的または産業技術的な面で中国に依存しない能力を高める必要がある。日英はこの面では今後もさらに協力を深めることができるだろう」

「私は北大西洋条約機構（NATO）の議論で、日本の参加を増やすべきだと思う。NATOが国際社会で首尾一貫した戦略を構築するには、日本や他の軍事的戦力を持つアジアの国との関係を強めることが必要だ」

――ここ数年の日英関係の進展により「日英同盟の復活」という言葉も耳にします。

「両国の関係進展は素晴らしいことだが、約120年前に結んだ日英同盟の考え方や形が今

David Warren 1952年8月生まれ。英オックスフォード大卒。1975年に英外務省入りし、2008～12年に駐日大使を務めた知日派外交官。13～19年にはジャパン・ソサエティ会長も務める。東日本大震災では発災数日で被災地入りし現地を支援。日本の政官界に知人も多い。

の時代の我々の指針になるとは思わない。もともとの日英同盟は、大国が自らの影響力を行使できる地域を求めて競争していた時代の話で、当初はロシアの影響力の増大を懸念した日英の軍事上の利害が一致して結ばれた。非常に特殊な時期の特殊な関係だった」

「いまは世界の平和と繁栄が、複数国の条約や2国間の同盟関係の多重性により保たれている。ＮＡＴＯや米英同盟、さらに日米同盟といったより一貫した行動を可能にする同盟関係のネットワークがその役割を担う。英国はＥＵを離脱したとはいえ、民主主義を擁護する上での緊密なＥＵとの関係は続くし、ＴＰＰなどを通じて豪州との関係もさらに近づく。中国は極めて重要な大国となったが、我々が持つような同盟関係の国はない。日英はこうした多重な関係をそれぞれに守り育てる役割を果たすべきで、それができればさらに有益な関係になるだろう」（２０２１年6月取材）

第 6 章

「EU離脱」騒動の教訓

2020年1月31日、EU離脱の日を告げる英国の各新聞。明るい未来を予期する見出しと批判的な見出しが並び見解は割れた（筆者撮影）

1　離脱問題の起点を振り返る

国民が望んだ離脱のカタチだったのか

ＥＵから完全離脱した英国が、「離脱派」の主張通りＥＵの束縛から解放されて繁栄するのか、さらなる地盤沈下に至るのかはまだわからない。

ただ現段階で見通せる範囲では、Brexit が開けたパンドラの箱により連合王国が分裂するリスクは高まり、大小の差こそあれ様々な産業が新たな非関税障壁に直面し苦悩している。今後のＧＤＰ予測でもＥＵを離脱しない時に比べて下押しされるという結論だった。何しろ現段階でも国民の半数ほどは「離脱は良い判断ではなかった」と思っている。明るい話題よりも懸念材料の方が多いのは間違いない。

政治学が専門で選挙制度研究の第一人者の英ロンドン・スクール・オブ・エコノミクスのパトリック・ダンリービー教授は筆者の取材に「結果としてＥＵとの経済関係が疎遠な離脱

になってしまった。これは国民が望んでいたとはいえない離脱のカタチなのだが、2015年からの3回の総選挙がそう導いてしまった」と解説した。

英国が国民投票に臨んだ16年6月の時点で当時のキャメロン政権は、離脱後のEUとの経済関係を具体的に規定していなかった。それは首相自身が国民投票で「残留」を勝ち取れると思っていたからだ。また離脱が決まった後も、EUとの人の往来をできる限り維持し、商品の基準や規制のルールもそろえる「ソフトな離脱」を目指すべきとの意見も多かった。

だが実際の英国とEUの関係は、なんの貿易協定ももたない「合意なき離脱」は免れたものの、モノの関税ゼロを中心とする自由貿易協定の関係にとどまった。これにより商品検査などの非関税障壁や人の移動の制限が課されて、水産業者や中小企業、アーティストらは苦しんでいる。ダンリービー氏の主張のポイントは、このような離脱は国民が望んでいた離脱のカタチではなかったという点だ。

振り返れば、まずは15年に行われた総選挙で「EU離脱を問う国民投票を実施する」と公約したキャメロン首相率いる保守党が勝利したのだが、過半数の得票率を集めたわけではなかった。16年の国民投票で「離脱」が決まり、キャメロン首相が退陣した後のメイ政権下で

図表6-1　2015年以降の英下院総選挙と特徴

	実施日	首相	投票率	保守党獲得議席	特徴
2015年	5月7日	キャメロン	66.2%	331	保守党が国民投票実施を公約。単独過半数確保
2017年	6月8日	メイ	68.7%	318	単独過半数を割り、政治は混迷
2019年	12月12日	ジョンソン	67.3%	365	「Get Brexit Done」を合い言葉に保守党が圧勝

（注）下院定数は650
（出所）BBC

の２０１７年の選挙では、保守党が単独過半数を割り込むことで与党が指導力を失った。メイ氏はＥＵとなるべく非関税障壁が生じないソフトな離脱を求めていたのだが、最難関の北アイルランド問題を巡って指導力を発揮できず泥沼の混迷にはまった。

その後、事態打開を目指したジョンソン首相は19年の総選挙でＥＵとの決別も辞さない強い姿勢で「Get Brexit done（離脱を終わらせる）」と連呼。Brexit 疲れが溜まった有権者の支持を集めた。この選挙では「ＥＵをさっさと離脱するか、いったん立ち止まるか」が問われただけで、どんなカタチの離脱にすべきかといった議論は素通りされた。結局、３回の総選挙では、いずれも「その時点での最善の選択」はなされたのかもしれないが、それが積み重なった結果、国民が望まぬ離脱の形になるという「合成の誤謬」が起きてしまった（図表6－1）。

それでは時計の針を戻して、キャメロン政権が国民投票を実施しないというシナリオはあり得なかったのかを考えてみたい。勝負事や歴史に「たられば」は禁物ではある。だがこれを考察することは今後、国家の命運がかかるような重大な課題を突きつけられた為政者がどう対応すべきなのかという次代への教訓となるはずだ。

古くて新しい？　反ＥＵ論

まずは英国内でＥＵ離脱問題が盛り上がった起点を考えてみたい。実は英国内の「欧州懐疑論」は決してここ10年といった新しい概念ではない。

たとえば有名なのは１９８８年、ベルギーのブルージュで行われたマーガレット・サッチャー首相による「ブルージュ演説」だ。ここでサッチャー氏は「独立した主権国家の意欲的で活発な協力こそが、ＥＣ（欧州共同体＝ＥＵの前身）を成功に導く最善の方法である。

国家を押さえつけて、ヨーロッパの共同体に権力を集中させようとすれば、その目的にダメージを与え、達成を阻害するだろう」と訴えた。この演説は直前に当時の欧州委員長ジャック・ドロール氏が、ECが単なる単一市場には終わらず、今後は労働者の権利の保護や拡大に力を入れる「社会的欧州」を目指すといった概念を強く打ち出したことに反論したものとも言われている。ブリュッセルに集うECの官僚が英国の主権を脅かして、EUの権力を増長させかねないとのサッチャー氏の強い危機感が現れている。

その後、毎年開かれる保守党大会ではシンクタンクの「ブルージュ・グループ」がイベントを開き、反EU派の理論的支柱となってきた。欧州議会の権限強化やEU大統領の新設などEUの機能強化を図った2007年のリスボン条約調印の際にも、英国の保守党内外で反EU派が台頭した。

英国には名宰相チャーチルの時代から自らの国の主権の維持にこだわる伝統が脈々と受け継がれている。彼が第2次大戦後に戦争の過ちを繰り返さぬために「欧州合衆国」を創設すべきと訴えたときも、その合衆国に英国は含めていなかった。欧州との経済的利益を求めながらも、自らの主権を握られるのを嫌うのが英国の大陸欧州への一貫した姿勢だ。それだけにＥＵが政治統合の動きを強めるにつれて、ＥＵとの関係が微妙になるのは必然だった。

ただこうした政治レベルの伝統的な意識と国民の関心は全く別の話だ。実はキャメロン首相が13年1月の演説でＥＵ離脱を問う国民投票を実施する意向を示すまで、ほとんどの世論調査で「ＥＵ問題」を英国の主要な政治テーマと考える有権者の比率は1割ほどだった。つまり大半の有権者にとって「ＥＵ離脱問題」は縁遠い話だったのである。

したがって、我々が目の当たりにした英国民全体を巻き込んでのＥＵ離脱騒動は、直接的には、ここ10年で盛り上がったものということがいえるだろう。このため、なぜ政治家や一部の国民の間だけでしか熱い議論が交わされていなかったＥＵ離脱問題が政治の主役に躍り出て歴史に残る国民投票にまで至ったのかを考える必要がある。

英エコノミスト誌の元編集長のビル・エモット氏は19年4月の日本経済新聞のインタビューで英国民が「離脱」の選択肢を選んだ理由について、「国民は福祉予算のカット、ロンドンと地方の経済格差、移民・難民の流入などへの不満の表明として『ＥＵ支配』を敵視した」と分析した。これらがいずれも２００８年のリーマン・ショックに端を発する金融危機以降に起きていることがポイントになる。エモット氏があげたこれらの項目を一つひとつ考察してみよう。

未曽有の危機直後に削られた財政支出

まずは「福祉予算のカット」という点だが、これに関しては英政府の財政支出全体の動向を見ればよくわかる。図表6－2は英政府のデータをもとに英国政府の毎年の財政支出をグラフ化したものだ。棒グラフは物価上昇を考慮した実質ベースの財政支出の推移で、これは微増ながら右肩上がりの傾向を示しているようにみえる。

だが大事なのは折れ線グラフの方だ。ＧＤＰに占める財政支出の比率の推移を示しており、２０１１年以降、明らかに下降線をたどっている。具体的には２０１０－11会計年度に40・８％あった財政支出のＧＤＰ比は国民投票があった16－17年会計年度には35・９％にまで下降していた。英国は日本と違い安定的な物価上昇や経済成長を確保していたので、財政支出の絶対額が増えてもＧＤＰ比が下がれば、経済成長よりも財政支出が増えていない。つまり事実上財政支出をカットしていることになる。

もちろん経済が安定成長を続け、政権が民間活力主体の経済を目指すために、小さな政府

図表6-2　2010年以降、GDP比で政府支出はカットされてきた

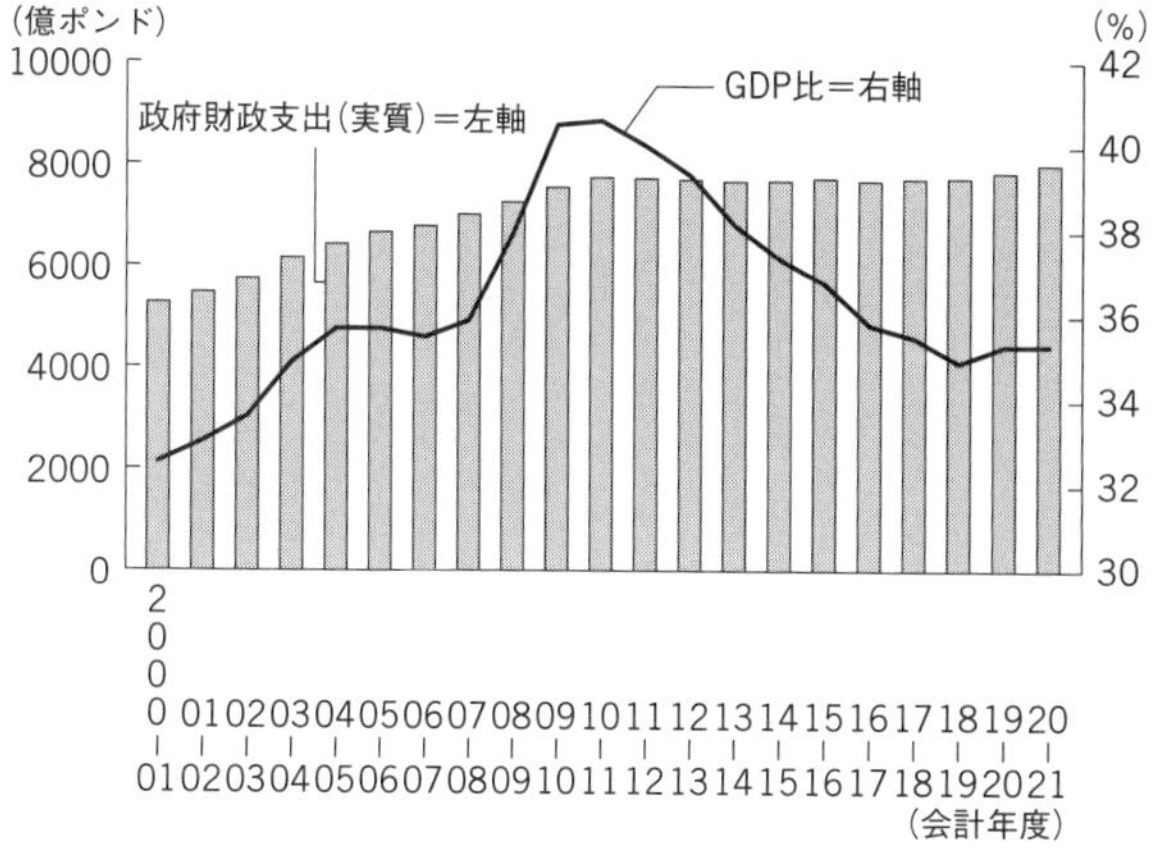

（出所）英政府の財政支出統計

に転換していく過程ではこういうことは起こりうる。だがこの事実上の財政支出のカットはタイミングが悪かった。08年後半から世界はリーマン・ショックに端を発する大不況に見舞われ、欧州はさらに10年以降に欧州債務危機にも襲われる最悪の時期を迎えていた。英政府はこの局面で危機時には経済を下支えするために大規模な財政出動を講じたものの、11年以降に早急に平時モードに戻そうと緊縮財政にカジを切った。

折しも、1997年からブレア首相、ブラウン首相と続いた労働党政権が、金融危機対応の前から財政支出のGDP比

を上昇させる「大きな政府」化を進めていた。２０１０年に政権交代を果たした保守党のキャメロン政権は緊縮財政でその路線修正を急いだ。

実際に英政府のデータを費目別にみても２０１１－12年度にＧＤＰ比で14・7％あった「福祉予算（Social Protection）」は16－17年度には13・1％に、同じく「教育予算（education）」は5・2％から4・2％に削られるなど生活に身近な予算が軒並み大幅な実質カットとなっている。ＧＤＰ比1～2％のカットは先進国でいえば、防衛費がまるまる消えるインパクトだ。緊縮財政は同時に国からの補助金や助成金に依存する地方自治体の公共サービス削減も引き起こした。リーマン・ショックと欧州債務危機のダブルパンチで傷ついた経済の回復途上にあったことを考えると、財政再建を急ぎすぎた面は否めない。

これは地方経済疲弊の一因ともなり、エモット氏が掲げた2点目の「ロンドンと地方の格差」にもつながってくる。

開き続けた地域格差

金融危機で経済が大きく傷ついた後の回復期では、英政府の緊縮財政への急旋回もあって

図表6-3 英国の各地域ではロンドンとの経済格差が広がった

(上段)ロンドンを100としたときの1人あたりGVA。
2009年から2016年の変化
(下段)2009年から2016年の1人あたりGVA成長率

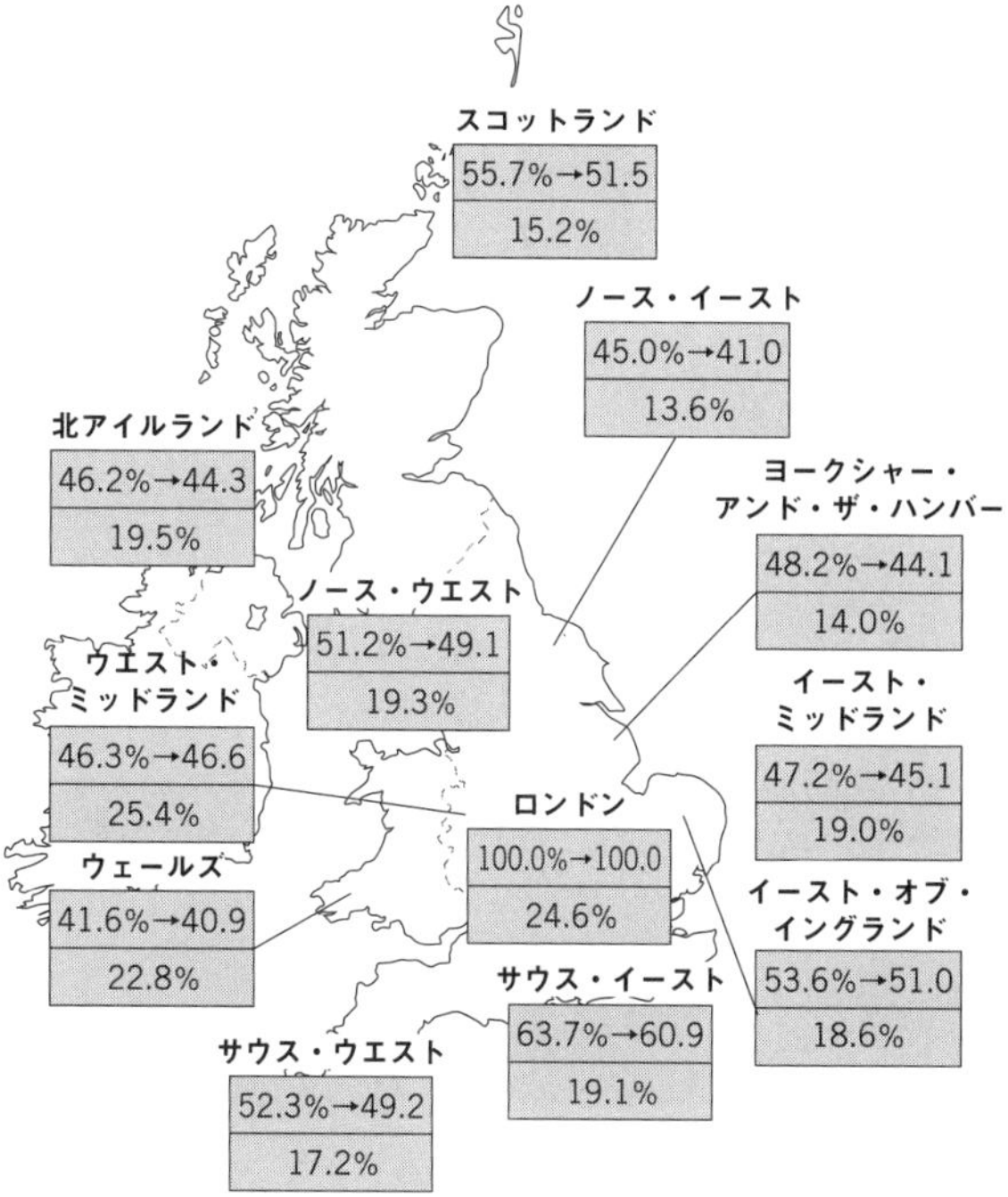

(出所) 英政府統計局

地域間で大きな差がついた。それを如実に示すのが、英国内の住民1人あたりの地域別の粗付加価値額（GVA）の成長率などを示した図表6―3だ。1人当たりGVAは1人当たりのGDPに近い概念といえる。

これらの数字によると、ロンドンの一極集中ぶりだけでなく、地域間の格差が金融危機の2009年以降により広がったことがわかる。たとえば日産のサンダーランド工場があるノース・イーストや隣のノース・ウエストは00～09年にかけてそれぞれ1人当たりGVAの成長率で45・7％、41・3％とロンドン（40・5％）よりも高い数字を記録していた。ところが09年から国民投票があった16年までの成長率はともに10％台に沈み、24・6％伸びたロンドンに引き離された。

もともとロンドンのGVAを100としたときにおよそ半分、または半分に満たない両地域だったが、金融危機後にその格差はさらに開いていることがわかる。データが取れる最新の18年の数字ではロンドンの1人当たりGVAが5万5447ポンド（約758万円）なのに対し、ノース・イーストは2万5544ポンドにとどまる。こうしたロンドンとの所得格差の拡大はイングランド全域で起きている。ウエスト・ミッドランドだけは09～16年の変化ではロンドンとの格差が改善しているが長い目で00～16年でみると5ポイント以上格差が広がっている。ちなみにスコットランドもロンドンとの格差は大きく広がっており、これがロンドン嫌いや英国からの独立の機運を助長している。

日本でも東京の一極集中は顕著で、都道府県別で英国と同じくらい所得格差があるのだが、その「格差」は00～19年にかけてほとんど拡大していない。金融危機以降、経済成長の恩恵がロンドンに集中し、イングランドの地方部が取り残される状況に、住民の不満が高まったのは想像に難くない。

移民急増がダメ押しに

緊縮財政と地域経済の疲弊に加え、EU離脱派を勢いづけるダメ押しとなったのがEUからの移民の急増だ。EUの加盟国はそれまでの15カ国から、04年と07年に一気に中東欧を中心に12カ国が加わり27カ国体制になった。しかも04年に当時のブレア政権がオープンドア政策と称し、移行期間を設けずに中東欧からの労働力の流入を際限なく受け入れた。その結果、物価水準が高いロンドンではなく地方都市にポーランドやルーマニアなどからの移民が

図表6-4　移民の急増した上位7地域と国民投票の結果

		01→11年の移民増加率	国民投票の離脱得票率（％）
Boston	イングランド	5.67倍	75.56
Merthyr Tydfil	ウェールズ	3.27倍	56.44
South Holland	イングランド	3.25倍	73.59
Fenland	イングランド	3.11倍	71.39
Barking and Dagenham	ロンドン郊外	3.05倍	62.44
Kingston upon Hull	イングランド	2.95倍	67.62
Corby	イングランド	2.88倍	64.25

（注）英国勢調査と英BBCの16年国民投票集計から作成。「移民増加率」は非英国籍人口増加率で算出

大挙して押し寄せた。

これにより、移民数から英国外への流出人数を差し引いた毎年のEU出身者の「純移民」は金融危機の時期を除いて一貫して増え続け、2003年の1・5万人から15年の21・6万人と14倍に膨らんだ。特に金融危機後の11〜15年には毎年11万〜21万人の移民を受け入れた。

英国内で「英国籍以外の人種の排斥」の意識が高まって、離脱運動につながったというわけではない。例えばウェストミンスター区など国際都市ロンドンの中心の行政区は4〜5割が外

国人在住者だが、ＥＵ残留支持の地盤だった。大事なのは移民数の「急激な増加」だ。

ロンドンから北に１５０キロにある人口約7万人のボストンは01～11年の間に移民の数が５・7倍となり全人口の15％にまで一気に膨らんだ。町には「ヨーロピアン・スーパー」や「ブルガリア・スーパー」など中東欧の食品を扱う店が軒を並べ、英語が通じない店もある。ボストンは国民投票で「ＥＵ離脱」に票を投じた住民が75・6％と最も高い地域となった。

国勢調査の周期の関係でデータが少々古くなるが、図表6－4をみると、01～11年の10年で非英国籍の住人が急増した地区は軒並み国民投票で「離脱」への支持が極めて高かったことがわかる。雇用への脅威やコミュニティの急変に危機感や不快感を抱いたもともとの住民が、強い「移民アレルギー」を抱き、「離脱」を圧倒的に支持したという構図だ。

2　国民投票は正しい処方箋だったのか

マクロン大統領「Brexit は嘘と誤った約束がもたらした」

前節でみたように金融危機以降、英政府の公共支出のカットやロンドンと地方の経済格差の拡大、そして移民の急増は確かに起きていた。そして、こうした環境変化への不満が離脱支持につながったという因果関係も明確になっている。英国の大資産家で元保守党の副幹事長アシュクロフト卿は私財を投じて世論調査を実施することで有名だ。その彼の２０１６年の国民投票に関する調査では、「移民」を有害と考える人の実に80％が離脱を選んだ。ロンドンの一極集中をもたらした「グローバル化」を有害と考える人も69％が「離脱」に投じた。

ただ冷静に考えれば、緊縮財政や都市と地方の格差の問題は「ＥＵに加盟しているから起きた」とは言い切れない。移民に関しても、英・ＥＵの外交交渉により過度な移民の流入を和らげる選択肢も残っていたはずだ。つまり、地域経済の再生と移民の過度な流入阻止のために、「40年以上在籍したEUを離脱する」のが唯一の手段ではなかったはずだ。

対英強硬派で知られるフランスのマクロン大統領は、英国の離脱の移行期間が終了する21年の新年向けのテレビ演説で「(英国が) ヨーロッパを去るこの選択は、多くの嘘と誤った約束による欧州への不快感が生み出した」と振り返った。筆者なりにこの発言を翻訳すると、16年の国民投票でジョンソン首相らが率いた離脱派陣営が国民の不満を正確につかみ、巧妙に「離脱のメリット」に結びつけた結果だったといえる。

魔法の言葉 Take Back Control

キャメロン首相にとって16年の国民投票は、究極の民主主義的手法により「EU残留」という結論を勝ち取って、国民を二分するEU離脱論議を封印するのが狙いだった。一方EU離脱派は同じ保守党のジョンソン現首相やマイケル・ゴーブ現国務相がキャンペーンの先頭に立ち、離脱のメリットやEUに残るデメリットを訴え続けた。そこで最も重要な役割を果たしたのが離脱キャンペーンの参謀を務めたドミニク・カミングス氏だ。

カミングス氏は保守党の複数の議員の選挙参謀や戦術顧問を務めた政治アドバイザー。強硬な反EU派というだけでなく、英国の官僚機構も敵視し幾度となく衝突を繰り返した天才肌の「問題児」だ。その彼が考えた離脱キャンペーンのスローガンが有名な「Take Back Control（主導権を取り戻そう）」だった。キャメロン政権の広報官だったクレイグ・オリバー氏は自著でこのスローガンについて、力強い上に「主導権を取り戻す」の目的語が曖昧だったため、「それぞれの有権者が自分の求めるものをそこに当てはめることができた」と述懐している。

地域経済の疲弊と製造業の衰退で所得が上がらないイングランド北部の市民や、移民の流入で職を追われたボストンの住人など、多くの地方在住の市民が自らの不遇をこのスローガンに当てはめ、「EU離脱」が光明をもたらすと思い込まされたとの分析だ。

ただ問題はその秀逸なスローガンではなく、離脱派が並べた具体的な政策にある。前節でみた英国の環境変化や国民の不満に対応したロジックを並べ、離脱支持のさらなる追い風になったのだが、内容はマクロン氏のいう通り「多くの嘘と誤った約束」に満ちていた。

たとえば移民を巡って離脱派は、移民の急増が医療や教育などの公共サービスの利用者を

図表6-5　東欧からの移民は英財政を圧迫していなかった（移民1人の財政への年間貢献額・2016年度）

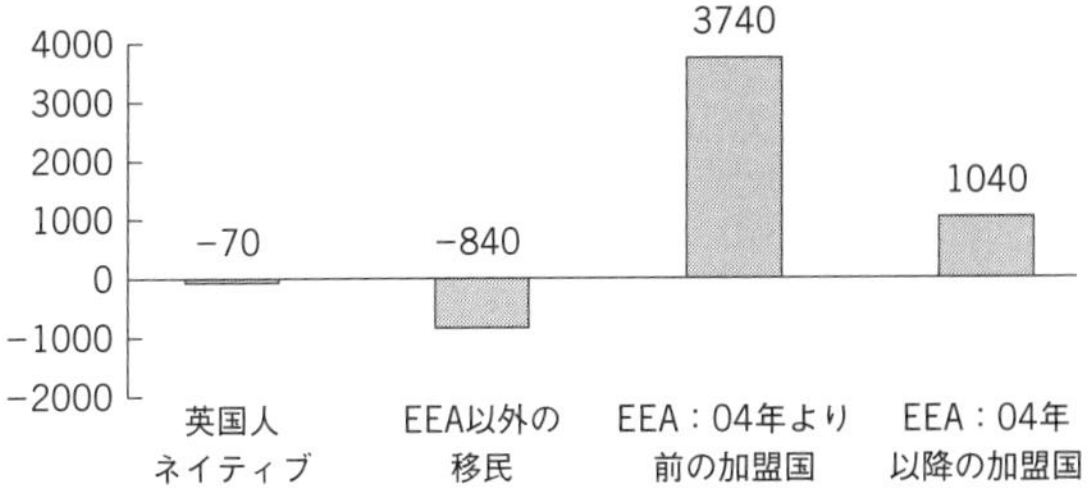

（出所）オックスフォード・エコノミクス2018年。単位はポンド
（注）EEAはEU加盟国のほか、アイスランド、リヒテンシュタイン、ノルウェーを含む

増やして、国の財政を圧迫していると国民の不満をあおった。だがこれは「もっともらしい嘘」だった。英調査会社オックスフォード・エコノミクスの２０１８年の調査では「納めた税金や社会保険料」から「公共サービスを受けた費用」を差し引いた国の財政への貢献度で、ＥＵ域内からの移民は財政にとってプラスとの結果が出た。特に問題視されていた東欧など04年以降の加盟国の移民に限っても、１人あたり年間で１０４０ポンドほど財政にプラスの貢献をしていた。逆にネイティブの英国人の方が70ポンドのマイナスと公共サービスの恩恵を受けていた（図表６－５）。

　離脱派の遊説用の赤いバスに大きく書かれた「ＥＵに毎週３億５千万ポンドを送っている。これをＮＨＳ（国民医療制度）に充てよう」とのメッセージが誇張だったという話も有名だ。実際は離脱すれば受け取れなくなるＥＵからの払い戻し金などが考慮されておらず、本当の1週間の拠出額は半分ほどに過ぎなかった。ジョンソン氏はこの件で3年後の19年5月に虚偽の発言を繰り返したとして、政治活動家から訴追されている。

離脱派が掲げた「移民による公共サービスの圧迫」と「ＥＵへの毎週3億5千万ポンドの無駄遣い」というもっともらしいメッセージは、それが真実でなくても、鬱積した不満を抱えた有権者の感情にぴたりとはまった。残留派が「それは誤りや誇張である」と論理的な説明をしても有権者に広く理解されることはなかった。思えば、ＥＵ残留派のスローガンは「Britain stronger in Europe（英国は欧州にいてこそ強くなる）」。現状の生活に満足していない国民に、「現状維持こそ最善」とのメッセージはあまりに魅力に欠ける。

オバマ米大統領の誕生や２００９年の日本の民主党への政権交代などの前例をみれば、大きな変化をアピールする相手に対して現状維持を訴えて世論の歓心を買うのが難しいことはキャメロン首相もわかっていたのではないだろうか。

政権基盤が弱かった第1次キャメロン政権

前節で述べたとおり、保守党政権が「EU離脱を問う国民投票を実施する」と言うまでは、一般の国民はEU問題を重要な政治テーマと捉えていなかった。逆に言えば、キャメロン首相が国民投票の実施を表明しなければ多くの有権者は「EU離脱問題」の存在すら意識しなかったかもしれない。それでもキャメロン氏が国民投票に打って出ると判断したのはなぜだろうか。

キャメロン氏が首相に就いた2010年の政治状況をみると、少なくともEU離脱問題を「素通り」するのは難しかった。2005年に野党の保守党党首に就いたキャメロン氏は10年の総選挙で、1997年のブレア時代から政権を担っていた労働党を破り第1党となった。だが獲得議席は下院650議席中307議席と過半数に満たず、36年ぶりのハング・パーラメント（過半数政党がない状態）となった。政権樹立には第3党・中道右派の自由民主党との連立が必要になった。このため第1次キャメロン政権の基盤は脆弱で、国民の関心の有無にかかわらず、党内に脈々と受け継がれる「欧州懐疑派」の圧力に抗するのが難しくなっていた。

さらに、1993年に創設され反EUを訴える右派のポピュリズム政党・英国独立党（UKIP）が勢力を着実に伸ばしていたのも保守党の「欧州懐疑派」には脅威だった。小選挙区制で選ばれる英議会下院選挙では振るわなかったが、比例代表で選ぶEUの欧州議会選挙では2009年に英国議席分の16％の得票率を獲得し第2党に躍り出た。保守党の強硬な反EU派の間では「EUに弱腰では、次の総選挙でUKIPに票を奪われる」との危機感が高まった。

こうした状況が重なりキャメロン首相は13年1月、ロンドンのブルームバーグ社で「EUを離脱するか残留するかを問う国民投票を実施する」ことを初めて正式に表明した。ただ「ブルームバーグ演説」と呼ばれるこのスピーチでは、世界最大の単一市場である「EUに残留する方が望ましい」との見解を明確に示した。そのために加盟国側に政策やルールづくりの権限を戻すといった「EUと加盟国の権限のバランスの見直し」や「EUの労働規制の複雑さの修正」などEU改革が必要だと強く訴えた。つまり「EUに必要な改革を求め合意を得た上で、EUに残留すべきか国民投票を実施する」というのがキャメロン首相の核となるメッセージだった。

2019年に出版したキャメロン氏の自著から読みとると、この演説によりひとまず党内の反EU派の顔を立て、台頭するUKIPに支持者が流れることも抑えつつ、国民投票を経て反EU派と残留派の深刻な党内対立に終止符を打つ狙いがあったようだ。ただ「残留」を望んでいたのに国民投票の実施を明言したことで、離脱派が勢いを増し、国民がEU問題に目覚める皮肉な結果になった。離脱派の主張通り、移民急増や地域経済の疲弊、公共サービスのカットがEUのせいとされる言説にも本格的に火がついた。

ちなみにこのブルームバーグ演説では移民の急増問題ははっきりとは取り上げていない。移民問題は離脱派が勢いづいてから出てきたテーマであることが、このことからもわかる。

「レファレンダム」2回成功の過信

もう1点、国民投票に踏み込んだ判断について、キャメロン首相の過信も指摘されている。キャメロン政権下ではEU離脱を問う国民投票だけでなく、ほかにも2回の大規模な国民・住民投票（レファレンダム）を実施している。一つは第1章で見たとおり、有名な

図表6-6　キャメロン政権で行われた3つのレファレンダム

		Yes	No	投票率
2011/5/5	総選挙を小選挙区制から、代替投票制に変えるべきか？	32.1%	67.9%	42.2%
2014/9/18	スコットランドは独立国家になるべきか？	44.7%	55.3%	84.6%
		離脱	残留	投票率
2016/6/23	英国はEU加盟国に残るべきか？　EUを離脱すべきか？	51.9%	48.1%	72.2%

2014年のスコットランド独立を問う住民投票で、キャメロン政権が55％対45％でスコットランド残留を勝ち取った。

実は11年にも選挙制度改革の是非が同国史上2回目の全国民投票にかけられた。英国の総選挙は下院全650選挙区が小選挙区制のため中小政党には極めて不利だ。このため保守党と組んだ自民党は連立合意の条件として「小選挙区制度の見直し」を掲げた。実現すれば英政治の歴史に残る転換点になったはずだが、この国民投票でキャメロン政権は小選挙区制の現状維持を訴え、68％対32％の大差で選挙制度の維持を勝ち取った。

国の命運がかかる歴史的な大懸案について、究極の民主主義的手法であるレファレンダムにかけて、自らが望む現状維持に物事を決着させる。そして、世論を後ろ盾に反対論の封印を狙う——この手法は実はキャメロン政権の特徴だったといえる。当初予測よりも僅差だったとは言えスコットランドの住民投票も乗り越え、2回の成功体験を得た。そのキャメロン氏がＥＵ離脱問題でも国民投票で決着をつけて、与党内の強硬な反ＥＵ派を封印して政権基盤の強化につなげようと考えたのは想像に難くない。

ただ重大テーマをレファレンダムにかけると質問は2択になり、議論が乱暴になりがちだ。しかも一度決まった結論の部分修正など柔軟な政策対応も難しくなる。２０１１年の選挙制度の国民投票では小選挙区制の代わりに「有権者が候補者を順位付けして投票する代替投票制度」を導入するかどうかだけが問われたが、本来なら比例代表も含めた様々な選挙制度から「やはり小選挙区制が良い」と結論を得るのが筋だ。キャメロン氏がもともと選挙改革をやる気がなかったといっても過言ではない。

スコットランド独立を防いだキャメロン首相は15年の総選挙でも「国民投票の実施」を公約に掲げ、保守党に単独過半数をもたらした。その後、何もせずに国民投票に突っ込んだというわけではない。

ＥＵ改革について交渉し、16年2月にＥＵ側から「移民が例外的に急増した場合に、一定期間福祉サービスを制限できる権利」や「加盟各国議会からの反対が多いＥＵ法案を撤回できるルールの新設」などの譲歩を引き出し、その実現を保障する国際条約をまとめた。ただ英国民の移民急増やＥＵ支配への不満に対応するはずだった改革案は、「ＥＵは善か悪か」に極端に二分された議論にかき消された。３回目にして今度はキャメロン首相自身が「議論が乱暴になりがち」なレファレンダムの敗北者になった。

3　残った傷痕と今後

「殺すぞ」「くたばれ」。市民の間に広がった深い分断

第1～2章で見たように、国民投票を端緒とする Brexit はスコットランド独立運動と北アイルランド問題のパンドラの箱を開けてしまった。それだけでなく離脱派と残留派を鋭く二分したこの議論は英国の社会や政治にも深い傷跡を残した。

最も衝撃的だったのは２０１６年の国民投票の７日前に英中部のウエストヨークシャー州

で、残留キャンペーンを展開していた労働党のジョー・コックス議員が集会の準備中に銃で撃たれた後に刺されて殺害された事件だ。下院議員が殺害されたのは1990年以来で、容疑者の男は襲撃時に「ブリテン・ファースト」と叫んだという。男は白人至上主義で、移民に優しいリベラル派の政治家を標的にしていた。

その後、国民投票が終わっても、英国がEUとの離脱協定や貿易協定を巡る交渉で難儀する約4年半の間、一般市民も巻き込んだ亀裂は修復できなかった。2019年の春、EU離脱撤回を訴える嘆願を英議会に提案し、600万件以上の署名を集めたマーガレット・アン・ジョージアドゥさん（当時77）は「殺すぞ」と告げる脅迫電話を3回も受けた。

離脱派も標的になった。18年秋に離脱支持者向けの市民団体を立ち上げたルーシー・ハリスさんは、その少し前にロンドン市内の地下鉄車内でいきなり見ず知らずの男性に「おまえは無知で、愚かで、人種差別主義者だ」と暴言を浴びた。ハリスさんが持っていた「The EU is not my bag（EUは私の好みじゃない）」とプリントされたバッグに反応された。「EU域外との貿易交渉が経済成長のチャンスをもたらす」と論理的に離脱のメリットを説明したSNSの投稿にも「死ね」「くたばれ」といった暴言のコメントが寄せられた。

ジョージアドゥさんは当時、日本経済新聞の取材に「離脱派と残留派は仲直りできない。この国は不愉快な魔神がランプから出てきてその戻し方を誰も知らないような状況だ」と肩を落とした。民主主義を誇りにしてきた英国を、平和的な議論を許さない殺伐さが覆った。

英調査会社イプソス・モリのマネージングディレクター、ケリー・ビーバー氏は21年6月のウェビナーで「離脱後のBrexitへの評価は、結局、離脱前からのBrexitへの姿勢、つまりもともとの『ブレグジット・アイデンティティ』に左右される」と分析した。だとすれば完全離脱したからといって、国民投票や離脱交渉の間に広がった国民の間の溝を埋めるのは容易ではなさそうだ。

「純化」でウイングが縮んだ保守党

国民の間の分断が深まったのは、その代表たる国会議員の間で深刻な亀裂を抱えていた点も大きい。伝統的に2大政党を維持してきた保守党と労働党が党内で「ＥＵとの『合意なき離脱』も辞さない強硬離脱派」「ＥＵと仲良く離脱したい穏健派」「残留派」に分かれ、収拾がつかなくなっていたことが政治を混迷に陥れた。

ＥＵとの離脱交渉の混乱のさなかにある２０１９年5月の欧州議会選では、ＵＫＩＰを源流とする「ブレグジット党」とＥＵ残留を訴える自民党が上位2党に躍り出た。労働党は第3党、与党の保守党はなんと第5党に沈み、２大政党制そのものが瀕死の状態となった。

特に与党・保守党は混乱の極みにあった。メイ前政権下ではジョンソン氏らを中心とする強硬離脱派と、穏健な離脱やＥＵ残留を志向する勢力が激突し、第２章でみたように北アイルランド問題は解決不能に陥った。

辞任したメイ氏の後を19年7月から継いだジョンソン首相は、党の制御不能を解消するため徹底的な純化路線を採った。「合意なき離脱」に反対する穏健派21人を党から追放するなど、党内の比較的リベラルな勢力を一掃した。メイ氏辞任後の党首選にも出馬し、後にジョンソン政権で保守党から除名されたローリー・スチュワート氏は議員辞職する際に「保守党はより極端な政党になってしまった」との言葉を残した。

その後、ジョンソン首相が政権基盤を確固たるものにする19年末の総選挙では、新人も含めて基本的に対ＥＵ強硬派ばかりが公認されている。20年3月以降に襲った新型コロナウイルス危機への対応で休業者に大規模な所得補償を講じるなど、足元ではリベラル路線へ急旋回していいるため見えにくくなっているが、国民投票から20年末のＥＵ完全離脱を経て保守党は急激にウイングが狭くなった。サッチャー政権の入閣経験を持ち、「下院の父」と呼ばれたケネス・クラーク氏などＥＵとの橋渡しもできる味のあるご意見番的議員は党内にはもういない。今でもワクチン供給や北アイルランド問題を巡りＥＵとの摩擦が続く遠因といえる。

コロナ後を迎えるジョンソン政権、リーマン後に酷似？

前出のエモット氏は２０１６年の国民投票を「政局的な判断だった」と評した上で、「将来の歴史家は必要のない国民投票が実施され、偶発的にＥＵに不利な事象が相次ぎ、離脱が選ばれたと総括するだろう」と指摘した。

移民の急増や地域経済の疲弊など結果的に離脱派を後押しした国民の不満の一つひとつに対しキャメロン政権は丁寧に向き合わなかった。国民投票が回避できなかったとしても、急増する移民への対応や、加盟国の権限を強める約束を盛ったＥＵとの国際条約を発効させ、その効果を見てから国民投票に向かったらどうだっただろう。それまでに離脱派と残留派がまっとうな議論を戦わせる時間や場を確保した場合でも、ひとりが命を落とすほどの鋭い亀裂に至ったであろうか。

高いワクチン普及率によりコロナ危機の出口が見えてきた英国の今の状況は、実は英国民が不満を鬱積させつつあった金融危機直後に似ている。戦時並みのコロナ対策への財政支出で英国の公的債務は国内総生産（GDP）と肩を並べた。今回は地域間ではないが、所得格差も広がっている。英シンクタンクの財政研究所によると、ロックダウンによる営業停止で収入が絶たれるリスクのある職に就いている人の比率は収入の下位10％の層の方が、上位10％の7倍多かった。

ここで10年前のように財政健全化を急ぎ緊縮財政に急カジを切れば、おそらく再び所得格差が是正されず社会にひずみや不満が蓄積する。ジョンソン首相は現段階では儲かった企業が対象になる法人税の増税は打ち出したものの、しばらくは経済弱者への対応を重視する構えだ。21年の英国でのG7サミットの冒頭あいさつでも「社会全体にわたり生活水準を向上させて、コロナ前よりも良い形で再建する」と語った。10年前のデジャブを起こさせないとの意識は強そうだ。

一方でジョンソン政権は5月の議会選で独立派が過半数を占めたスコットランドにはどう向き合っていくのだろうか。ジョンソン首相が住民投票を拒み続ければ、スコットランド民族党（SNP）のスタージョン党首は実効性のある住民投票実施のために法廷闘争を覚悟した戦いを仕掛けるかもしれない。かといって、いますぐ住民投票を許せば、スコットランド内でここ数年の英国のような分断を生む可能性は高い。

保守党内では「スコットランドを連合王国内に留め置く憲法改正をすべきだ」との主戦論もあるが、同地域の民意を無視してこれを進めれば、スコットランドの猛反発を受けるだけでなく、ウェールズや北アイルランドの独立派にも火を付けるのは必至だ。端的に言えば、ジョンソン政権はEUに戻るよりも英国にとどまる方が明るい未来が待っていることを丁寧に説明し実行に移すことが求められる。それはスコットランドへのさらなる権限や財源の移譲なのか、他の手段があるのか。

そして仮に住民投票が避けられないにしても、今度は人々が平和的に考える時間を十分に持ち、判断を下す展開を望みたい。

コラムⅢ 「ポスト・エリザベス女王時代」も連合王国に逆風

2021年4月9日、突然の訃報だった。73年間、艱難辛苦をともにしてきたエリザベス女王の夫・フィリップ殿下が99歳で亡くなった。4月17日にウインザー城で行われた葬儀は全国中継され下を向く女王を心配する声もあった。だが、21日に95歳の誕生日を迎えた女王は「世界から夫への弔意をいただいたことが慰めになった」とのメッセージを世界に発し、少し人々を安心させた。

95歳の公式誕生日を迎えた
エリザベス女王
(代表撮影/ロイター/アフロ)

ところで、日本人が「イギリスと言えば?」と尋ねられて英王室やエリザベス女王を思い浮かべる人も多いだろう。在位69年超は歴代の英国君主で最長で、世界の存命中の君主でも最長だ。第2次大戦後の英国史のほぼ全てを見守ったといっても過言ではない。

そんなエリザベス女王は「王室のプロ」と称

されるときがある。少女のころから英国の統合の象徴として振る舞い続けたことに尊敬を込めての呼び名だ。

1926年に生まれた女王はもともと生まれた時点では国王になる運命にはなかった。だが伯父のエドワード8世が当時王室ではタブー視されていた離婚歴のある米国人との結婚を強行するために退位した。体が弱くきつ音に悩んだことで映画にもなった父・ジョージ6世が予定外に国王になったことで、女王は突然、王女となり後継候補になった。女王は10代にもかかわらず病気がちの父を支え、第2次大戦中には国王に代わり公式行事に出席してラジオ放送で国民を励ました。

大戦勝利後の1947年4月。南アフリカを外遊中の誕生日に英連邦に向けて「私の全生涯を偉大な尊厳ある国家にささげる」と語った演説は、生涯君主として公務を続ける覚悟の声明として今でも語り草だ。当時なんとまだ21歳である。

その5年後の2月6日、父の死去を受けて、25歳という若さで女王に即位した。女王は毎週、必ず国政などの報告を首相から受けることになっている。その最初の相手があの名宰相チャーチルというから、女王が「プロ」として英国と世界を見守ってきた時間の途方もない長さがわかる。

4人の子供に恵まれたが、家族には悩まされた。まずは96年のチャールズ皇太子とダイアナ元妃の離婚と翌年の元妃の事故死だ。当時、英王室では元妃の自由奔放な振る舞いに苦労したのを受けて元妃の死去への対応には冷ややかだった。

だが国民的人気を誇るダイアナ元妃への冷淡な対応に国民の批判が殺到した。国民の気持ちにより添えていなかったと反省した女王は、それから開かれた王室や王室の近代化を目指す改革に心を砕いた。国民との交流を活性化させ、性別にかかわらず王位を継承する制度も整えた。

最近では王室との関係がぎくしゃくして王室メンバーを離れた孫のヘンリー王子とメーガン妃夫妻との関係が話題になった。母がアフリカ系アメリカ人のメーガン妃は、王室内で息子の肌の色を懸念する声があったと暴露した。英国のテレビやタブロイド紙のトップをしばらく独占し続ける大騒ぎとなったが、ダイアナ元妃の時とは違い、必ずしもメーガン擁護論や王室へのブーイングの声は高まらなかった。その後のフィリップ殿下の死去でこの騒ぎは雲散霧消したようにみえる。

英調査会社ユーガブの２０２０年末の調査ではエリザベス女王への肯定的な国民は72％に達し、圧倒的な支持を誇る。それは英国の歴史的な難局で国民に寄り添ったメッセージを発し続けたからだろう。Brexit で国民の分断が深まった18年12月のクリスマスのスピーチでは「どれほど深刻な違いがあっても、相手を尊重し、同じ人間として接することは常に、より良い理解への有効な一歩です」と国民に語りかけた。新型コロナ危機で多くの国民が外出制限を強いられる時にも「あなたは一人ではない。私の思いと祈りとともにあります」と国民を鼓舞した。ここ数年はツイッターやインスタグラムに公務の様子や私生活を投稿し、国民に近い存在になっている。

ただ女王も95歳。いまは意気軒高だが、やがて来るべく時はやってくる。そのときに連合王国は危機を迎えるかもしれない。スコットランド独立派は独立しても女王を元首とするとしているが、２０１４年の住民投票の際に女王は「非常に慎重に将来を考えて欲しい」と独立を望まない姿勢を示したとされる。こうした漏れ伝わる女王の意思に独立を思いとどまる国民もいただろう。

ところが王位継承予定者のチャールズ皇太子への支持率は46％だ。妻のカミラ夫人も35％

と夫婦とも、7割の支持を集める女王には遠く及ばず、敬愛されているとはいえない。ダイアナ元妃との離婚のイメージが拭えず、加えて中国やロシアの指導者を批判するなど物議を醸す失言癖も足を引っ張っている。メーガン妃の件ではメーガン妃側が「肌の色発言」をしたのは女王夫妻ではないと付け足したことで皇太子への疑いの目が向けられている。

皇太子は70歳を機に出演した英テレビ番組で「私が王位を継承したら、今と同じやり方で続けることはしない」「私はそのような愚か者ではない」と「そのとき」に向けた意欲を示した。それでもメディアの目は厳しい。政治ニュースサイト・ポリティコはフィリップ殿下の葬儀の直前の記事で「女王が英国全土での団結の役割を果たしているが、チャールズ皇太子ができるかは明確ではない」と断言した。

実は皇太子の長男・ウィリアム王子が女王を超える74％の人気を集めている。それだけに国内では一気に王子が女王の世継ぎとなるという噂や、皇太子と王子で女王が担う公務を分担する案もまことしやかにささやかれる。

王室への愛着の世代間の差も将来の暗雲だ。ユーガブが21年5月に実施した別の調査では「50〜64歳」「65歳以上」の世代ではそれぞれ70％、81％が今の王政を維持すべきだと答えた。だが、18~24歳ではそれが31%まで落ち込み、41%が「国民によって元首が選ばれるべきだ」と回答した。

いずれにしても、いまの女王の存在は連合王国維持のためにも大きい。それだけに、「来るべき時」が来たとき、その偉大な女王の役割を引き継ぐ王室とそれを頂く連合王国が何らかの試練を迎えることは間違いないだろう。

終　章

「パンドラの箱の閉じ直し＝EU再加盟」はもうないのか

2018年11月、臨時EUサミットが開かれたブリュッセルのEU本部内。離脱前のこのとき英国旗とEU旗は隣り合わせに並んでいた。再びこの絵を見る日が来るのか？（筆者撮影）

英国人や英国ウォッチャーと英国の将来談義をしていると、必ず話題になるテーマがある。それは「英国のＥＵ再加盟はもうないのか?」という問いだ。外から第三者的に英国を眺めると、もう一度ＥＵに加盟すれば、英国分裂のリスクも産業界が抱えている不確実性も急減するようにみえる。

２０１６年の国民投票や19年の総選挙の結果を世代別に分析すると、将来のＥＵ再加盟はあり得そうにも見えてくる。序章で見たとおり、国民投票では65歳以上の60%、55~64歳の57%が「離脱」に投票したが、若くなるにつれて「残留」の比率が増え、18~24歳では73%が「残留」に投じた。

政治の混迷を打破した19年の総選挙も似たような数字だ。英調査会社ＹｏｕＧｏｖが４万１９９５人に聞いた調査では、ジョンソン首相率いる保守党の支持層は中高年に偏る。70歳以上の67%、60~69歳の57%が保守党に投票したが、39歳以下になると保守党への投票率は３割以下に下がり、29歳未満では再国民投票を掲げた労働党が半数近くの支持を得ている。

英国がＥＵの前身であるＥＣ（ヨーロッパ共同体）に加盟したのが１９７３年。つまり現在、40歳代半ば以下の人にとっては生まれたときから英国は欧州の一員で、それが自然だった。逆に今の50歳代以上の世代ではＥＣに入っていない英国を知っている。第6章で見てきたように、急速なグローバル化に伴う格差や金融危機後の緊縮財政などによる弊害の修正が不十分ななかで、閉塞感を打ち破ることを望んだ国民が、ＥＣに入っていない時代の過去の英国に郷愁を抱いた面は否めない。だが、こうした世代はやがてこの世を去る。

一方で10～20年たてば、国民投票で「ＥＵ残留」に投票し、19年の総選挙で再国民投票やＥＵ離脱阻止を目指して労働党や自民党に投票した若い世代が英社会の中核を担うようになる。このときに英国は再びＥＵ再加盟を考え直すのではないか。これが「ＥＵ再加盟はあり得る」派の最も多い主張だ。

ただ英国内の論客に話を聞いてみると、ＥＵ残留派の有識者に聞いても「しばらくの間、ＥＵ再加盟はない」との見解で一致している。

たとえばメイ前政権で日本でいう官房長官にあたる内閣府担当相を務めていた、デイビッド・リディントン氏は筆者との21年1月のインタビューで「近い将来に再加盟は起こらないと思う」と明言した。リディントン氏は16年の国民投票では残留派として活動し、離脱が決まった後も、ＥＵと規制やルールをなるべく調和させたソフトな離脱を目指していた保守党の重鎮だ。

英国は2020年1月末のEU離脱で、EUに毎年払う拠出金から晴れて解放された。欧州司法裁判所の管轄からも除外されるなど様々な面で主権を奪還し、ジョンソン首相らの言う「Take Back Control」を果たした。しかし再加盟するということは、EUへの拠出金を再び払い始め、欧州司法裁判所の管轄に入り直すなど一度手にした「Control」を手放すことを意味する。しかも離脱から時間がたてばたつほど、英・EU間で制度的にも精神的にも距離が広がっていくため、残留に向けたこうしたハードルやコストは上がっていく。リディントン氏も「EUにとどまりたいと思っていた私たちにとってさえ、これは魅力的ではない」と語った。

英国民が数年間の政治の迷走をもたらした Brexit 問題に疲れ果てている点も大きい。リディントン氏も「2019年にジョンソン首相が掲げた Get Brexit Done が魅力的に見えたのは、国民に Brexit 騒動への倦怠感が強かったからだ」と分析する。

思い返してみれば、2019年の総選挙で筆者が地方の候補者討論会を取材したとき、司会が「次は Brexit についてです」と切り出すと決まってブーイングが聞こえた。70歳代の元看護師が「医療とか介護とか他にやることがあるんだから、Brexitはこの選挙でさっさと終わらせるべきよ」と強い口調で語ったのを思い出す。多くの国民がＥＵ再加盟を巡って、国内政治がまた迷走する姿を望んでいないのは確かだといえる。

ではＥＵ再加盟が絶対にあり得ないのか。英王立国際問題研究所（チャタムハウス）のロビン・ニブレット所長に21年２月に取材した際に興味深い視点を示してもらった。ニブレット氏も基本的には「再加盟は長期的にはないと思う。手に入れた移民流入の制限や産業政策の主権を手放すインセンティブが英国には湧かないためだ」と指摘する。

ただ20年後くらいにＥＵが２つの階層に分かれているようなことがあれば、再加盟の可能性がなくもないとの認識も示した。「２つの階層」とは例えば今後、独仏などの中核国が単一の財政政策や経済通貨同盟の深化を講じるなど今より政治統合を深めた第１グループを形成し、通貨統合や過度な政治統合に慎重なデンマークやポーランドなどとの第２グループとの間でＥＵ統合のかかわり方に大きな差が出る場合だ。

このような未来が実現した場合、そのときのＥＵの制度は未知数ではあるものの、こうした状況ならニブレット氏は「英国が経済的利益の観点で第２グループに復帰するというシナリオはあり得るかもしれない」と見る。もともと英国が欧州との政治統合ではなく、自由貿易など経済的利益を求めてＥＣに加入した１９７３年の原点の考え方に戻るといえるかもしれない。

いずれにしても、ＥＵ側に変化がないまま、ただ英国内の世代交代が起きただけで、ＥＵ再加盟の動きが盛り上がるというのは難しそうだ。

とはいえスコットランド独立問題やアイルランド統一問題が浮上してくれば、英国民は再びＥＵとの関係を考えながら議論せざるを得ない。そうでなくても本書で見てきたとおり、数年後には漁業協定の締結や自動車輸出入ルールの見直しなど将来関係協定を巡ってＥＵとの厄介な交渉が待ち受けている。

「オーダー！（静粛にぃ！）」の掛け声で日本のメディアの間でもおなじみになったジョン・バーコウ元英議会下院議長は２０１９年11月の記者会見で「ＥＵ離脱は戦後の外交政策で最大の間違いだ」と発言して波紋を呼んだ。この席でバーコウ氏は「論争は5年、10年いや15年は続く」とも予言した。

ＥＵ離脱の短期的な経済へのインパクトは数年で消えるかもしれない。しかし Brexit が引き起こした連合王国の分裂リスクの問題はそう簡単には消えない。もし将来、スコットランドや北アイルランドが英国から離脱したそのとき、英国民はBrexitをどう総括するのだろうか。いくら国民が解放されたくても、しばらくは「Brexitは終わらない」のである。

インタビュー⑤ 国際ジャーナリスト ビル・エモット氏

「スコットランド独立の可能性、『5～10年以内に50%』」

――スコットランドの独立やアイルランドの統一、つまり英国の解体は起きると思いますか？

「私は5～10年の期間でスコットランドが独立を決める可能性は50%あると思う。住民投票が行われる可能性はさらにそれ以上で、それは2023年か24年にある英下院総選挙の後になる。そこで住民が独立を選ぶというシナリオだ。一方で北アイルランドの英国離脱が起きる可能性は30%とみている」

――スコットランド独立派は早期の住民投票を求めていますが、なぜ住民投票は次の総選挙後なのですか?

「独立を決する実効性のある住民投票はジョンソン政権や議会の承認がないとできない。言い換えれば、圧倒的に下院で過半数を握る政府・与党には住民投票を遅らせる能力と権限がある。現政権は住民投票を遅らせるほど独立派が勝つ可能性を下げられると思っている。またコロナ対策は短くても2021年いっぱいは続くため、次の総選挙は2023~24年にあると思うが、その選挙が近づくまで先延ばしするのは難しくない。だが次の総選挙が視野に入れれば、住民投票を認めるかどうかを巡っての政治的な駆け引きが間違いなく発生する」

「選挙後は保守党、労働党のどちらが政権をとっても先送りし続けるのは難しくなるだろう。独立派のスコットランド民族党(SNP)はもちろん選挙戦でスコットランド独立を公約に掲げ、議席増に躍起となるだろう。英国の解体には反対である最大野党・労働党も下院で7%の議席を持つSNPとの政策連携も視野に、住民投票の実施は容認するかもしれない。国民の声を聞いて大事なことを決しようという姿勢で。保守党もこの問題を無視するのは難しくなる。さらにその時点では Brexit の悪影響が顕在化し、住民投票の実施や独立に追い風が吹くとも思っている」

――北アイルランド離脱の可能性を低く見ているのはなぜですか？ プロテスタント系の親英派住民の人口が減っていると聞いています

「確かに北アイルランドの親英派プロテスタントの多くはグレートブリテン島の大学に入り、ロンドンやエディンバラ（スコットランド）にとどまるケースが多く、人口が流出している。出生率の違いもあり親アイルランド派のカトリックの人口が増えていくとの予測も間違いないだろう。だが、今の北アイルランドでは第3グループと呼ぶべき中間派が大幅に増えている。彼らの多くは若者で1998年の北アイルランド和平以降に生まれており、親英派か親アイルランド派かという帰属意識が薄い」

「様々な世論調査を見ると、『統一アイルランドが20年後に実現するか？』との問いには過半数が『はい』と答えている。だが統一を支持するかを聞くとまだ『はい』は少数派だ。つまりアイルランド統一問題は新たな暴力や紛争を引き起こす可能性があるという潜在的な懸念があって、現状のままが望ましいと思っている市民が多いということだ。だから私はこの5～10年で独立の動きが加速すると予測しない。もちろん20年後、30年後の予測は不可能だが」

――英国とEUの貿易協定が発効し、英国がEUを完全離脱しても、英・EU間の摩擦が収まりません。これは今後も続くのでしょうか。または解決するのでしょうか。

「問題は続くだろう。まだ決着のついていない金融サービスの規制の擦り合わせや製品基準の相互認証の問題など、残った課題ではある種の合意には達するだろうが時間がかかると思う。それは英国側がBrexit後の新たな規制・制度戦略を確立していないからだ。EUとの摩擦を多少覚悟してでも規制緩和をテコに成長戦略を描くのか、そうではないのか定まっていない。一方の立場が不確かなままでは、英EU間で何らかの約束を交わすのは難しい」

――Brexitで英国の国際的な影響力は落ちると思いますか?

「国際的な産業経済政策や貿易ルール、規制などの政策決定への影響力は落ちるだろう。た

Bill Emmott　ロンドン出身。オックスフォード大卒。英エコノミスト誌で東京支局長などを経て1993～2006年に同誌の編集長。1989年には日本のバブル崩壊を予測した『日はまた沈む』を発表しベストセラーに。2019年から英ジャパン・ソサエティ会長を務める。1956年生まれ。

だ英国は西側同盟諸国の一員として国際政治面での強い影響力は維持できると思う。それは国連の安全保障理事会の常任理事国であり、米国との最も緊密な軍事パートナーであり、北大西洋条約機構（NATO）の中枢のメンバーであるという点が基盤になる。英国はもともと超大国ではないが、第2、第3の国としての影響力は持ちうる。だから英国はBrexitを経ても、以前と同じくらい弱いし、以前と変わらず強い。それは何も変わっていないと思う」（2021年6月取材）

巻末年表「Brexit の経緯」

キャメロン首相	２０１１年 5月5日	スコットランド議会選で地域の独立を主張するスコットランド民族党（ＳＮＰ）が１２９議席中69議席を獲得する大勝
	２０１２年 10月15日	キャメロン首相とＳＮＰのサモンド党首がスコットランドの独立住民投票の実施で合意
	２０１３年 1月23日	キャメロン首相がブルームバーグ社でのスピーチで、ＥＵ離脱を問う国民投票の必要性に言及
	２０１４年 9月18日	スコットランドで独立を問う住民投票開催。賛成44・7％、反対55・3％で英残留が決定
	２０１５年 4月14日	保守党が総選挙のマニフェストで「２０１７年の終わりまでの国民投票の実施」を公約
	5月7日	英総選挙。保守党が６５０議席中３３１議席を獲得し単独過半数に返り咲き
	２０１６年 2月22日	キャメロン首相が6／23に国民投票を行うと発表。議会でＥＵ改革実行後の英国のＥＵ内の地位について言及。残留を目指す意向
	6月23日	国民投票実施。残留48・1％、離脱51・9％で離脱が勝利。翌日、キャメロン首相が辞任を表明
	7月13日	新首相にメイ内相が就任
	10月2日	メイ首相が保守党大会のスピーチで17年3月末までに離脱の手続きを進めるリスボン条約50条発動することを表明
	２０１７年 1月17日	メイ首相がランカスター・ハウスで離脱方針を演説。ＥＵの単一市場からの離脱を宣言
	3月29日	英国がＥＵに離脱を通告

交渉第１ステージ（離脱協定承認～ＥＵ離脱まで）

メイ首相

4月18日	メイ首相が権力基盤強化のため6／8に解散総選挙を要求。必要な下院の3分の2の賛同も確保
4月29日	ＥＵが臨時サミットにて英除く27カ国の全会一致で交渉指針を採択
6月8日	英総選挙。保守党が単独過半数を割り込み、ハングパーラメント（宙づり議会）に
6月19日	英・ＥＵの離脱交渉がスタート。第1回交渉
7月13日	英政府が下院にＥＵ法を一括して国内法化するＥＵ法の廃止法案を提出。審議スタート
9月22日	メイ首相がフィレンツェで演説。2年の移行期間の設定など英国の交渉方針説明
12月8日	ここまでの6回の交渉の末、英・ＥＵが離脱交渉の第1フェーズで進展があったことを認める共同報告を公表。交渉の第2フェーズに移行
２０１８年2月6−8日	第2フェーズの交渉開始。合計で7回目の交渉。北アイルランドの国境問題の議論が難航し始める
3月19日	英国とＥＵが離脱の激変緩和の移行期間を２０２０年末までとすることで暫定合意。両者は18年10月までに離脱協定で合意を目指すことを表明
6月26日	英国でＥＵ法の廃止法が成立
7月6日	英首相公式別荘「チェッカーズ」で閣僚会議。ＥＵとのＦＴＡなど将来関係交渉に関する方針で合意
7月8、9日	交渉方針が親ＥＵ過ぎるとしてデービスＥＵ離脱相が辞任（8日）。翌9日にはジョンソン外相も辞任
7月12日	政府がＥＵとの交渉方針を示した白書を公表
8月23日	英政府がＥＵと離脱交渉で合意できない「合意なき離脱」の影響を示した資料を公表
11月14日	英政府とＥＵが離脱の基本的なルールを定めた離脱協定案と、ＦＴＡなど将来関係交渉の方針を示した政治宣言案で合意。北アイルランド国境問題が解決しない場合には英全体がＥＵの関税同盟に残る「バックストップ」が盛り込まれる

交渉第１ステージ（離脱協定承認〜ＥＵ離脱まで）

メイ首相

11月15日	ラーブＥＵ離脱相やマクベイ雇用・年金相など複数の閣僚や副大臣級が離脱協定案に反対して辞任。メイ首相が官邸で演説し、合意した離脱協定案が英国に強い経済をもたらすと力説
11月25日	臨時ＥＵサミットで、英除くＥＵ２７カ国が英と合意した離脱協定案・政治宣言案を承認
12月４日	12／11の英議会下院での採決に向け、議会で離脱協定案の５日間の審議がスタート
12月10日	欧州司法裁がＥＵ離脱の手続きを定めたリスボン条約50条は加盟国の同意なしで離脱通告を撤回できるとの見解提示。その後、メイ首相が離脱協定案への賛成が集まらないことから、12／11の採決延期を表明
12月12日	党内の反メイ派の動きが活発になり、保守党で党首の信任投票を実施。２００－１１７で信任。メイ首相は２０２２年の次期総選挙を自分で率いないと将来の退任予告で支持とりつけ
２０１９年 1月15日	英議会下院が英ＥＵの離脱協定案を２０２－４３２の大差で否決。与党保守党の強硬離脱派も残留派もともに多数造反。野党・労働党がメイ内閣への不信任案を提出
1月16日	内閣の信任投票は３２５－３０６で信任が多数。メイ首相退任免れる
2月19日	ホンダが21年中に英工場を閉鎖し生産を止めると発表。メイ首相は「失望した」
3月11日	メイ首相がユンケル欧州委員長と会談。「ＥＵは英国をバックストップに拘束し続けない」などとする共同声明を公表
3月12日	英議会下院が２度目の離脱協定案の採決も否決。票は２４２－３９１
3月20日	メイ首相がトゥスクＥＵ大統領への書簡で「６月末までの離脱延期」を要請
3月21日	ＥＵサミットで英の６月末までの延期案を拒否。次週までに協定案を英議会で承認できれば５／22までの延期。承認できなければ４／12までに「長期延期」か「合意なき離脱」かを迫る
3月27日	メイ首相が離脱協定案が可決すれば辞任すると表明。ジョンソン前外相はメイ案支持を表明。英議会では議員主導で「関税同盟の残留」や「再国民投票」など８案の打開策を採決する「示唆的投票」が行われたがいずれも過半数に至らず

交渉第1ステージ（離脱協定承認～ＥＵ離脱まで）

首相	日付	出来事
	3月29日	英議会下院が3度目の離脱協定案の採決でも否決。票は286－344。ひとまず4／12までの離脱延期が決定
	4月1日	英議会が打開策を探る2回目の「示唆的投票」。「関税同盟への残留」や「再国民投票」など4案とも過半数に至らず。協定案を否決し、代替案も定まらず英議会迷走
	4月10日	ＥＵサミットで英の離脱期限を10月末まで延期することで合意
	5月3日	英統一地方選で議会の混乱を受けて、与党・保守党が大敗北
	5月21日	メイ首相が野党との協議も踏まえ、「再国民投票の実施を議会に諮る」と盛り込んだ新提案。離脱派が猛反発し求心力が低下
	5月24日	メイ首相が辞任。「新首相がＥＵ離脱に向けて率いることが最善」
ジョンソン首相	7月23日	保守党党首選の結果、ジョンソン前外相が当選。翌日正式に首相に就任。合意なき離脱を辞さない姿勢と10月末離脱を強行する姿勢を鮮明に
ジョンソン首相	9月4日	野党・労働党やジョンソン政権下で除名された元保守党残留派が離脱延期法案を提案、賛成多数で可決。この時点で保守党は過半数を割り込み、ジョンソン氏は事態打開へ解散総選挙を目指す方針へ
ジョンソン首相	9月24日	英最高裁が、英議会を長期閉会して政権の離脱方針を妨げる要因を軽減しようとしたジョンソン内閣の方針に違法と判断
ジョンソン首相	10月17日	ＥＵサミットに合わせ行われた英ＥＵ協議で新たな離脱協定案で合意。北アイルランドを事実上、ＥＵの単一市場や規制下に残す案
ジョンソン首相	10月22日	英議会下院が新離脱協定案を審議。骨格を採決する「第2読会」は賛成多数で通過したが、10月末までの可決を担保するスピード審議日程が否決される
ジョンソン首相	10月28日	ＥＵが大使級会合で離脱期限の21年1／31までの延期で合意

交渉第1ステージ（離脱まで）	
10月29日	ここまで3回、首相の解散総選挙の動議を否決してきた下院が、この日賛成多数で12／12に総選挙を行う案を賛成多数で可決。10月末の「合意なき離脱」が消えたことなどが理由
12月12日	総選挙で保守党が下院650議席中365議席を奪う圧勝。1／31の離脱が確実に
2020年 1月23日	新離脱協定案を盛り込んだ関連法案が成立
1月31日	午後11時。英国がEUを離脱し、2020年末までの移行期間入り。移行期間を延長する場合は6月末までの同意が必要
ジョンソン首相	
2月3日	ジョンソン首相がEUとのFTAなど将来関係交渉の方針表明。「カナダスタイルのFTAかWTOルール（ほぼ合意なき離脱）」かの選択だと主張。EUのバルニエ首席交渉官も同日に「レベル・プレイング・フィールド（LPF）」が重要との交渉方針説明
3月2日	英EUの将来関係交渉がスタート。6月にハイレベル会合で進捗を確認する方針。第1回交渉終了の3／5、EUのバルニエ首席交渉官「大きな意見の不一致があった」
3月23日	新型コロナ感染拡大で英全土への初めてのロックダウン（都市封鎖）を実施
4月6日	3月下旬に新型コロナ感染を公表したジョンソン首相が集中治療室（ICU）に
4月24日	英EUの2回目の交渉がオンラインで開かれるが進展なし。コロナ危機を踏まえEUが移行期間の延長も選択肢と示唆、英国は延長しない方針を強調
4月27日	ジョンソン首相がコロナ感染の療養から公務復帰
6月9日	日英の経済連携協定（EPA）交渉がスタート
6月15日	交渉に進展がないまま英EUの首脳級テレビ協議。さらに交渉を続ける方針で一致し、共同声明に「移行期間を延長しないという英国の決定を留意する」と明記

交渉第2ステージ（貿易協定締結から暫定発効まで）

ジョンソン首相

8月21日	英ＥＵ７回目の交渉後にＥＵのバルニエ首席交渉官が「合意はありそうもない」と危機感を表明。「ＬＰＦ」と「英海域での漁業権」問題が長期にわたり紛糾している点を示唆
9月9日	英政権が離脱協定の一部修正にあたる国内市場法を公表。ＥＵは反発。英国から北アイルランドへの出荷について英国が一方的にルール変更できるなどの内容
9月11日	日英ＥＰＡが大筋合意
10月1日	ＥＵが英国の国内市場法を巡り、法的措置を実施
10月3日	ジョンソン首相とフォンデアライエン欧州委員長が電話協議。「進展があった」としつつも、「ＬＰＦ」「漁業権」「紛争処理などガバナンス」の3点で大きな溝が残ると確認
10月15日	ＥＵサミットの共同声明で交渉について「英国に必要な行動を求める」と明記
10月16日	ジョンソン首相がＥＵの姿勢に反発し「ＦＴＡなしの取り決めで準備すべきと結論づけた」。「経済界や運送業者はその準備を整えるとき」と警告
10月21日	英首相官邸が対ＥＵ交渉を再開する声明を発表。ＥＵ側が譲歩し、集中協議にも応じる姿勢を見せたための説明
12月8日	英ＥＵが北アイルランド国境問題に関する通商ルールの詳細で合意。英が国内市場法取り下げ
12月9日	英ＥＵ両首脳が食事を交えて会談。両者とも「大きな溝がある」
12月10日	ジョンソン首相、英メディアの取材に「交渉は続けるがＦＴＡなしになる確率が高い」
12月11日	フォンデアライエン欧州委員長、ＥＵ各国首脳に「合意できない可能性の方が高い」
12月24日	英ＥＵが貿易協力協定（ＴＣＡ）で合意
12月30日	英議会がＴＣＡを審議、上下院ともこの日のうちに賛成多数で可決。ＥＵは欧州議会が前日に暫定発効を承認。スコットランドや北アイルランドは地方議会でこのＴＣＡを否決

12月31日	午後11時。移行期間が終了し、英国がＥＵを完全離脱。英ＥＵのＴＣＡが暫定発効
	ジョンソン首相
２０２１年	
2月1日	英国がＴＰＰに参加申請
2月19日	英国のジョンソン首相が議長を務め、Ｇ7オンライン首脳会議を開催
3月3日	英国が北アイルランド議定書に基づく新通商ルールによる混乱が解消しないとして、農産品や食品に関する一部検査の猶予期間を3月末の当初案から10月まで一方的に延長
3月15日	ＥＵが英政府の決定は離脱協定に反するとして2度目の法的措置
3月26日	英ＥＵが金融規制協力のためのフォーラムを設置することで合意。ＥＵが英国の金融規制をＥＵのものと同等と認め、制度を調和させる「同等性」の議論は進展せず
4月上旬	北アイルランドで親英派のユニオニストを中心に各地で暴動
4月9日	英王室のフィリップ殿下が死去。99歳だった
4月27日	欧州議会が英ＥＵのＴＣＡを圧倒的な賛成多数で可決。合わせて英のＥＵ離脱を「歴史的誤り」とする付帯決議も賛成多数で可決
5月6日	スコットランド議会選でスコットランド民族党が１２９議席中64議席を獲得。単独過半数ではないが、独立派の緑の党と合わせて72議席で過半数を確保
6月11－13日	英南西部コーンウォールでジョンソン首相が議長を務めるＧ7サミット開催
10月末	英スコットランド・グラスゴーで英国が議長を務める第26回国連気候変動枠組条約締約国会議（ＣＯＰ２６）

参考文献

英ＥＵ離脱の衝撃＝菅野幹雄（日本経済新聞出版・２０１６年）
ブレグジット秘録＝クレイグ・オリヴァー（光文社・２０１７年）
欧州ポピュリズム＝庄司克宏（ちくま新書・２０１８年）
英国大蔵省から見た日本＝木原誠二（文春新書・２００２年）
バッキンガム宮殿公式ガイド＝（Royal Collection Enterprises Ltd・２０１２年）
分解するイギリス＝近藤康史（ちくま新書・２０１７年）
ブレグジット・パラドクス＝庄司克宏（岩波書店・２０１９年）
池上彰の世界の見方　イギリスとＥＵ＝池上彰（小学館・２０１９年）
ＥＵ離脱＝鶴岡路人（ちくま新書・２０２０年）
調査レポート「ブレグジットと英国経済の将来ビジョン」（ジェトロ・２０１９年）
「ブレグジット」という激震＝スティーブン・デイ、力久昌幸（ミネルヴァ書房・２０２１年）
新・日英同盟＝岡部伸（白秋社・２０２０年）
For the Record＝デービッド・キャメロン（HarperCollins・２０１９年）
日本経済新聞の各種報道
英ＢＢＣ、英紙デーリー・テレグラフ、ガーディアンなど各種報道
英シンクタンク政府政策研究所ＨＰ
英政府公式ＨＰ
欧州委員会公式ＨＰ

中島裕介 なかじま・ゆうすけ

早稲田大学政治経済学部経済学科卒。1999年に朝日新聞社に入社し主に新聞販売に携わった後、2006年に日本経済新聞社入社。経済部や政治部で財務省や財界、首相官邸などを担当し、政官財の蠢きを取材。18年10月から欧州総局でブレグジットや英国のコロナ対策を追う。

日経プレミアシリーズ｜465

イギリス解体《かいたい》の危機《きき》
ブレグジットが開けたパンドラの箱

二〇二一年九月八日 一刷
二〇二一年一〇月一日 二刷

著者 中島裕介
発行者 白石 賢
発行 日経BP
日本経済新聞出版本部
発売 日経BPマーケティング
〒一〇五―八三〇八
東京都港区虎ノ門四―三―一二
装幀 ベターデイズ
組版 マーリンクレイン
印刷・製本 凸版印刷株式会社

ISBN 978-4-532-26465-9 Printed in Japan

日経プレミアシリーズ 321

英EU離脱の衝撃

菅野幹雄

英国はどこへいくのか？　見えない離脱交渉、EU法失効、シティー衰退、在英外資の戦略変更――。想定外の巨大リスクに世界は翻弄されている。欧州を熟知した日経新聞編集委員が、離脱の背景からEUシステムの課題、国際秩序の行方まで、様々なエピソードを交えて立体的に解説。

日経プレミアシリーズ 419

中国　人口減少の真実

村山　宏

13億か14億か、正確な数字さえ分からない中国の人口。だが、確実なのは人口が減少することだ。家族のあり方、個人の生き方、都市生活事情から、経済問題、社会保障、対外関係まで、人々の日常を伝えるニュースを手がかりに、人口減少問題に直面する中国社会のいまを活写し、人口減少後を展望する。

日経プレミアシリーズ 461

ジョークで読む世界ウラ事情

名越健郎

国際テロ組織アルカイダとコウモリの共通点は何？　答＝共に暗い洞穴に潜伏し、米本土攻撃に成功した。世界一薄い本は？　米国の美術史、中国の人権史、フランスの戦勝記、英国のグルメ本。切れ味鋭いジョークでつづる国際政治ガイド。

日経プレミアシリーズ424

円相場の終わり

小栗 太

円相場が衰弱しつつある。コロナ・ショックは最後の打ち上げ花火にすぎない。金利が各国とも最低レベルにあり、超高速の自動発注システムが相場を支配する。このまま為替相場は終焉を迎えてしまうのか。四半世紀にわたって相場をみてきた日経のベテラン記者が、マネー経済の本質的な変化を伝える。

日経プレミアシリーズ460

コロナ倒産の真相

帝国データバンク情報部

アパレルの名門「レナウン」、小田原かまぼこの名店「丸う田代」、川湯温泉のホテル運営「自然塾」など、コロナ禍での23の破たんの舞台裏に迫る。資金繰りの判断ミス、無謀な投資、不正会計、横領など、信用調査マンが裏側を明かす。

日経プレミアシリーズ390

平成政権史

芹川洋一

すべては1989年からはじまった。自民単独政権の終焉、バブル崩壊、湾岸戦争、人口減少、ネット経済の勃興……。いまにつらなる平成30年間の激動のなか、日本の政治は何をしてきたのか。長く取材を続けるジャーナリストが、当時執筆した記事も織り込み紡ぐ、全10編の政権物語。